おりがみ 四季折々

布施知子

Origami

NHK おしゃれ工房

はじめに

子どものころから、季節の行事や風物に合わせて

おりがみを折り、飾ることが好きでした。

折ることはおもしろく、そのモチーフに想像を巡らせるのは

非常に楽しい時間で、それは今も同じ。

出来上がると心がにっこりします。

おりがみは、頭と指を使っての「心の柔軟体操」であるようにも思えます。

「どうかな、こうかな」と紙と取り組むことも、おりがみの本質。

難しい折り方は、時間をおいてまた挑戦してください。

あせらず、あきらめずに。

本書を手にするみなさんと、おりがみの豊かな時間を共有できたら、

こんなにうれしいことはありません。

布施知子

もくじ

折り方の約束		04
基本の形の折り方		05
正六角形の切り出し方		11

春

おひなさま(おびな／めびな)	06	48
玉花びら	08	10
チューリップ	12	46
ちょう／あげはちょう	13	50
かぶと(3種)／載せ台	14	52
かきつばた	15	55
はすの花／カエル	16	56
カタツムリ	17	57

夏

七夕飾り(着物／ダブルスター／菊升のくす玉)	18	58
あさがおボール	20	22
金魚	24	62
オウム貝／ヒオウギ貝	26	64

秋

ウサギ／三方	28	66
ダリア	30	32
柿の実	34	68
いちょう／落ち葉	35	69
リス	36	70
お座りクマさん	36	72
子ザル	37	74

冬

紅白折羽鶴／亀	38	76
白鳥	40	78
水仙	41	75
節分の鬼	42	44

※ページ数字の黒字は作品ページ、赤字は作り方ページです。

折り方の約束

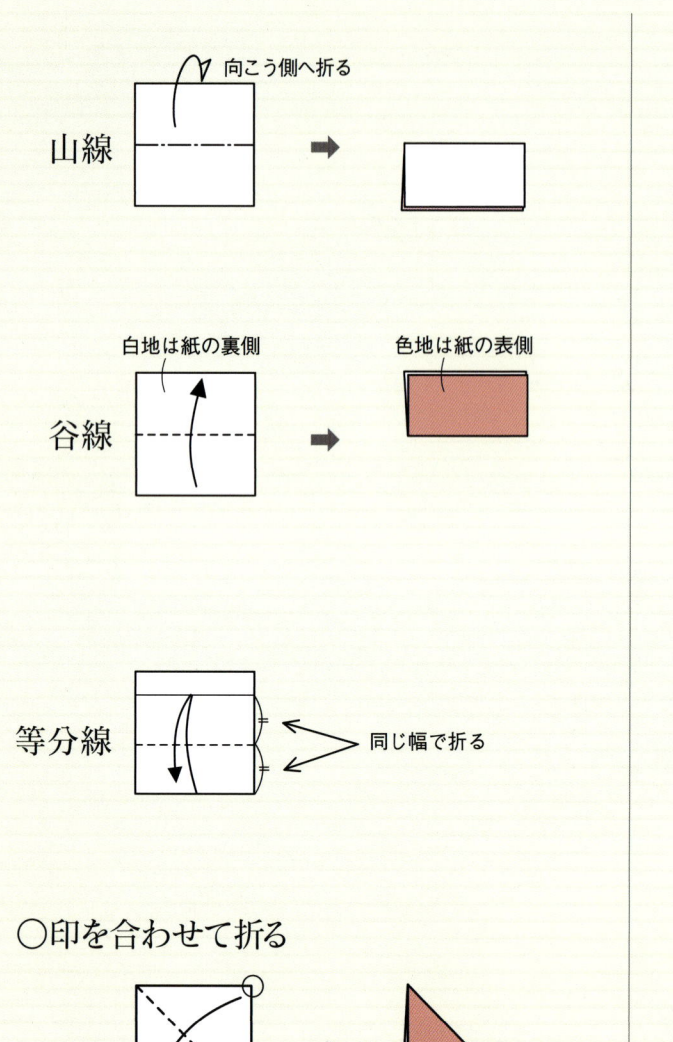

山線 — 向こう側へ折る

谷線 — 白地は紙の裏側 / 色地は紙の表側

等分線 — 同じ幅で折る

〇印を合わせて折る

段に折る

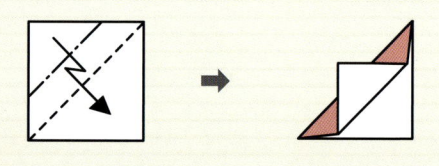

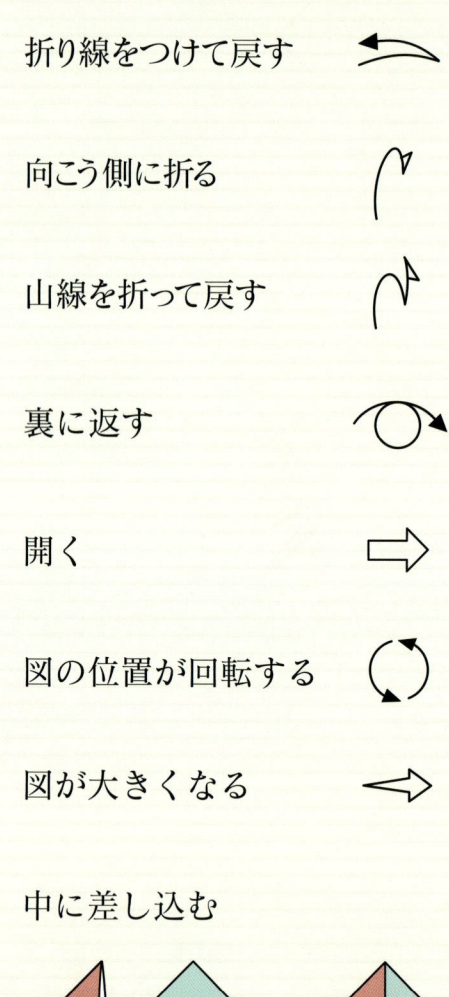

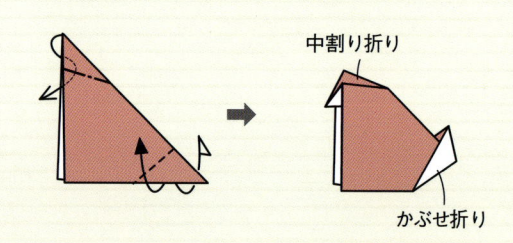

折り線をつけて戻す

向こう側に折る

山線を折って戻す

裏に返す

開く

図の位置が回転する

図が大きくなる

中に差し込む

中割り折りとかぶせ折り

基本の形の折り方

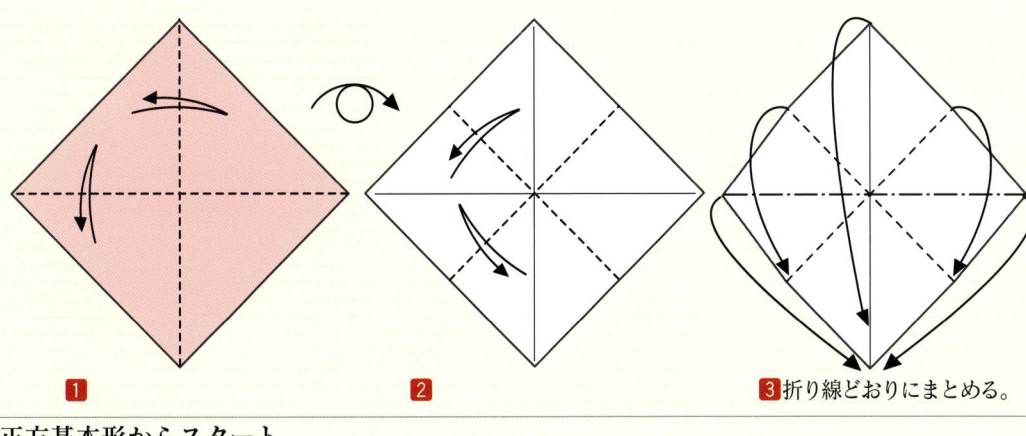

1 **2** **3** 折り線どおりにまとめる。

A 正方基本形

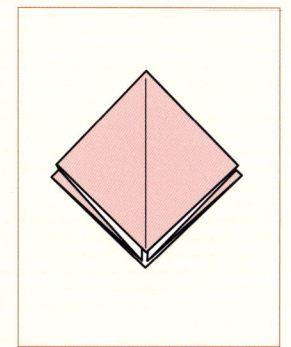

正方基本形からスタート

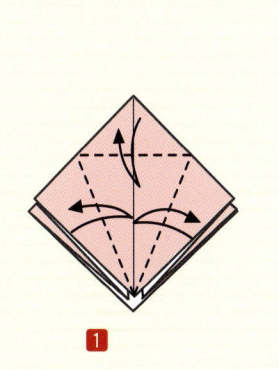

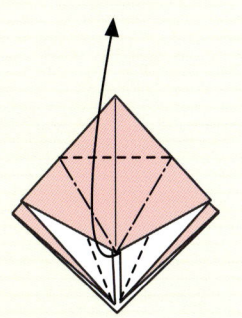

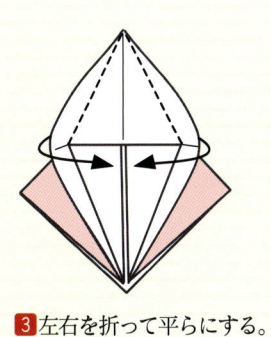

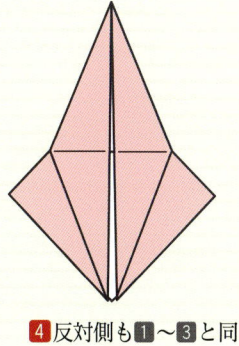

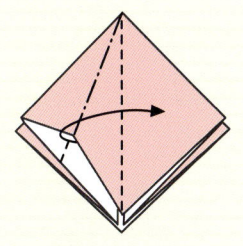

1 **2** 上に大きく引き上げる。 **3** 左右を折って平らにする。 **4** 反対側も**1**〜**3**と同様に折る。

基本形 B

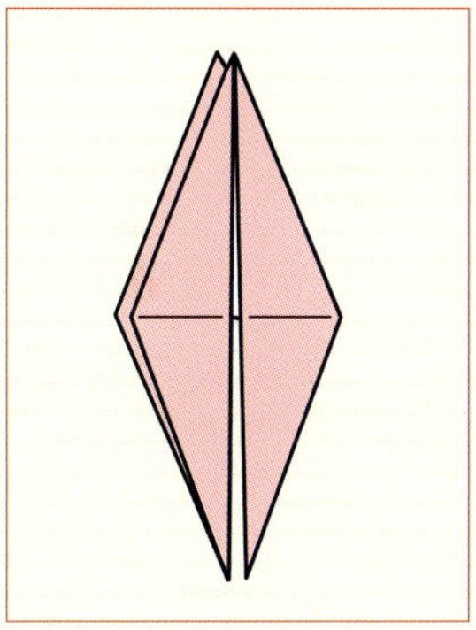

正方基本形からスタート

1 開いてつぶす。反対側も同様に。 **2** 開きかえる。 **3** 開いてつぶす。反対側も同様に

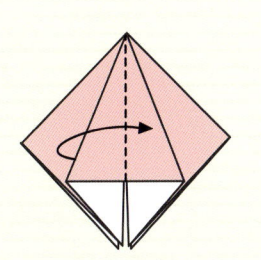

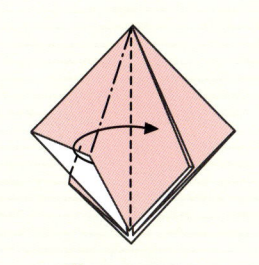

基本形 C

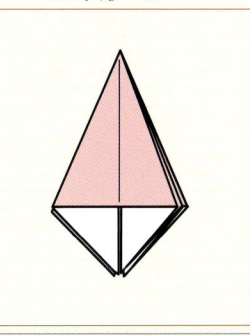

基本形Cからスタート

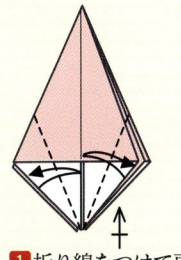

1 折り線をつけて戻す。反対側も同様に。 **2** **3** 開きかえる。 **4** 残りのポケットも**1**〜**3**と同様に折る。

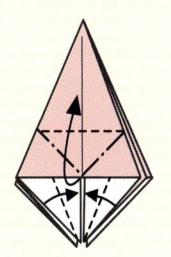

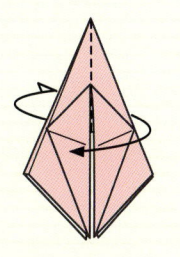

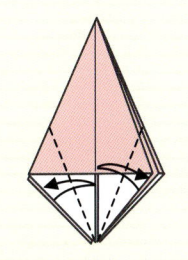

基本形 D

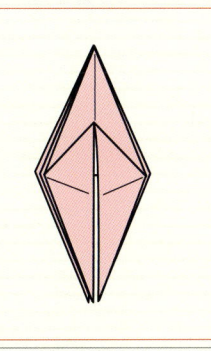

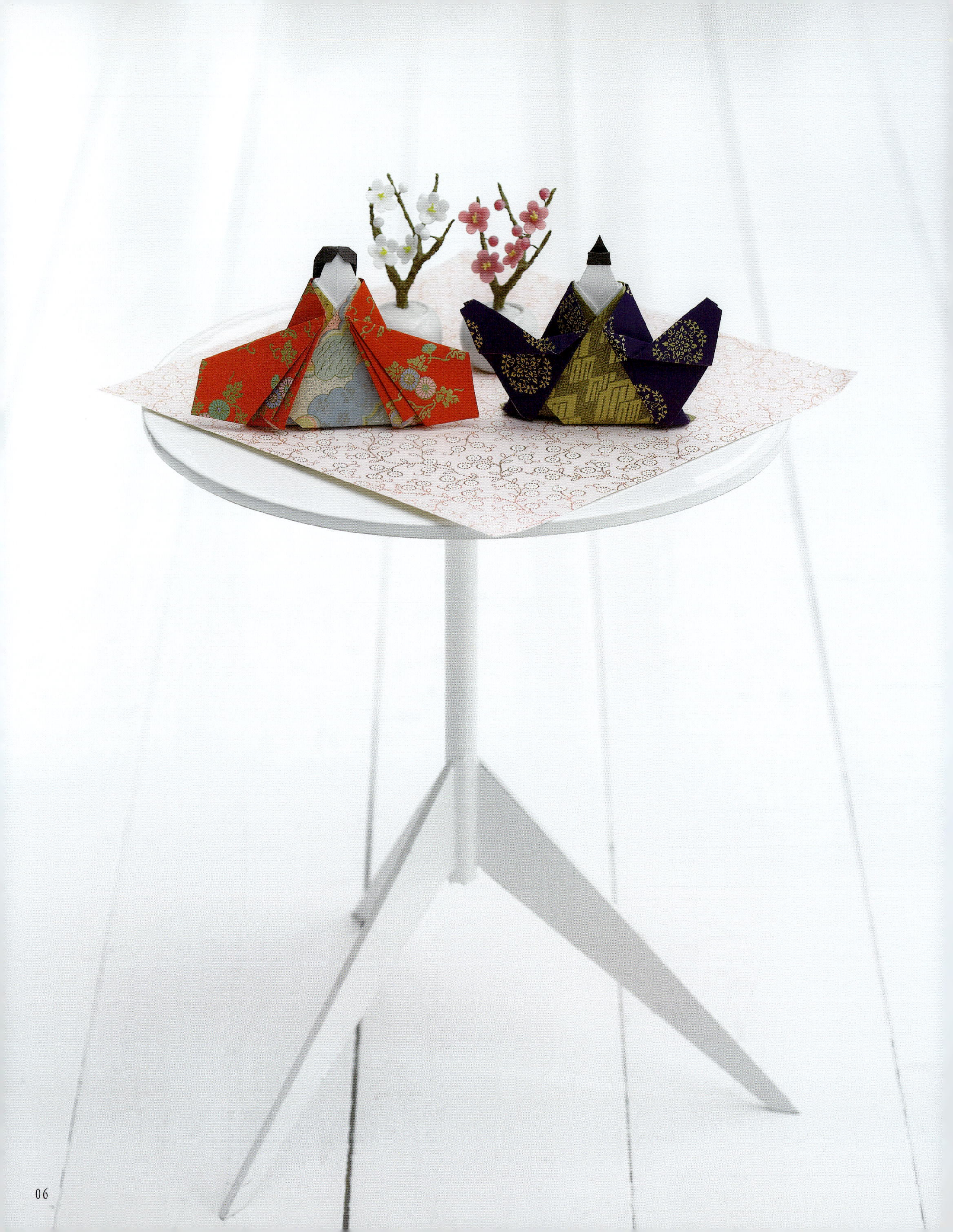

春

うららかな日ざしとともに
さまざまないのちが一斉に萌え出る春。
花、新緑、風、流れる水。
春の色かたちは、優しく、柔らかです。

おひなさま（おびな／めびな）

春の始まりは桃の節句から。
女の子の健やかな成長を願う気持ちは、今も昔も変わりません。
おびな（右）、めびな（左）とも、本体部分の折り方は共通。
着物のアレンジを楽しんで。

→作り方48ページ

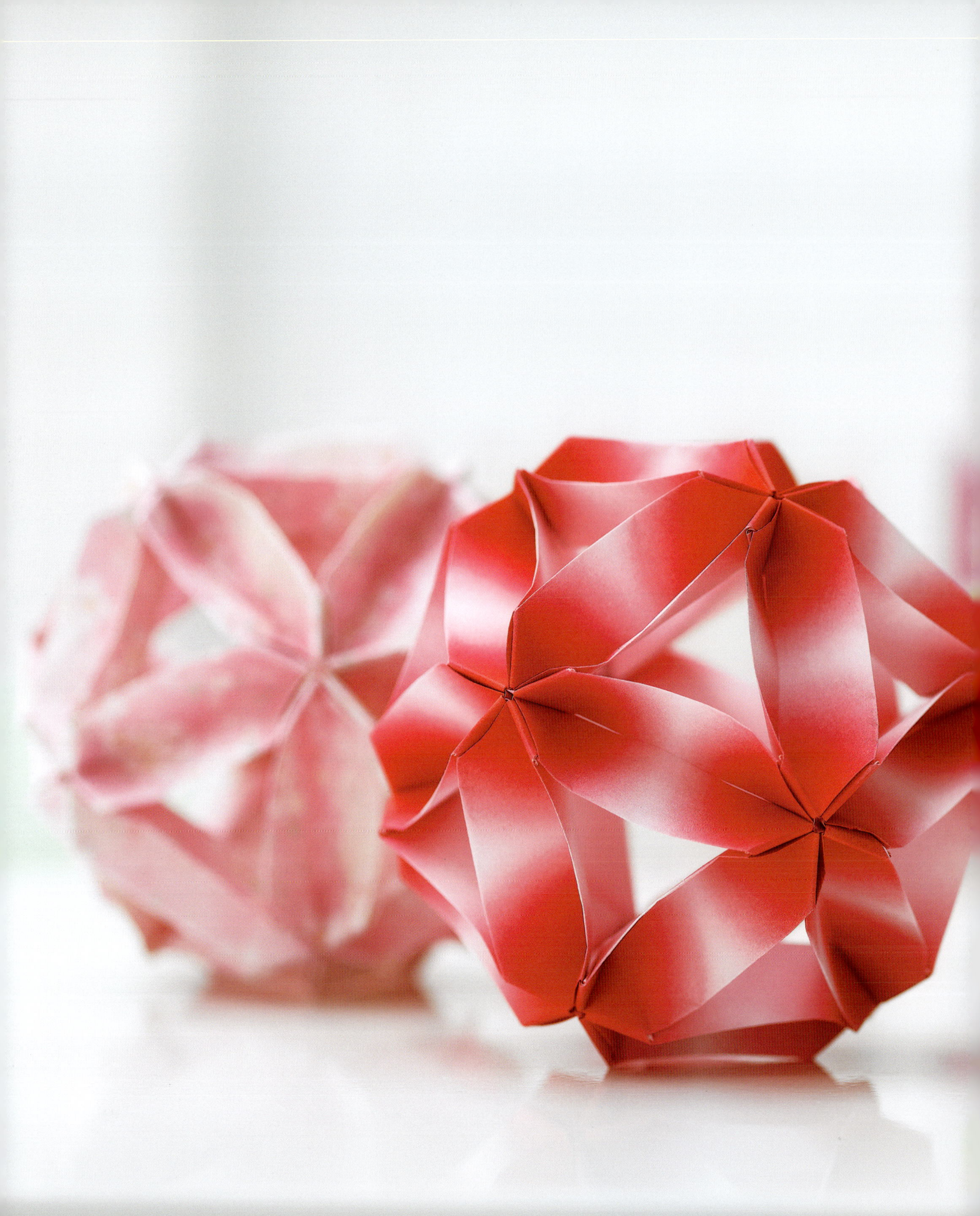

玉花びら

日本の春には欠くことのできない、
桜の花の形をモチーフにしたくす玉。
さまざまなデザインの紙を使えば、
万華鏡のような不思議な模様が現れます。

→作り方10ページ

玉花びら

← 作品08ページ

- 出来上がり寸法　直径10.5cm
- おりがみ　7.5×7.5cm……30枚

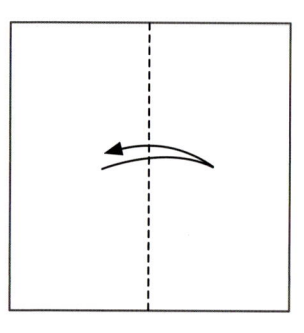

1 折り線をつけて戻す。 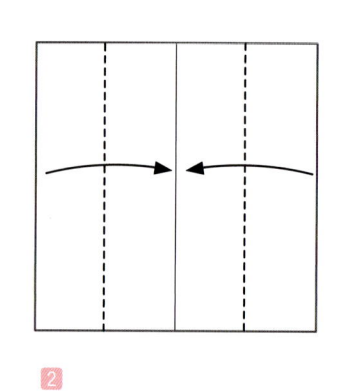
2 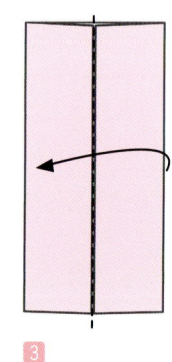
3 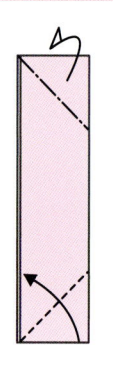
4 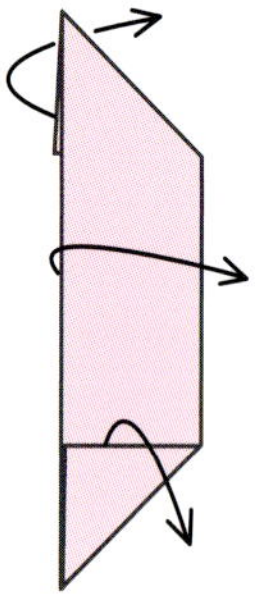
5 いったん折って開く。 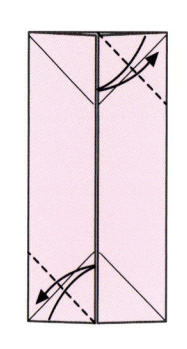
6 折り線をつける。 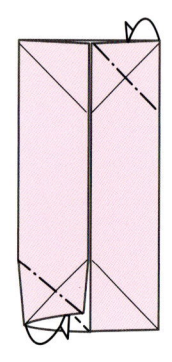
7 中割り折り。 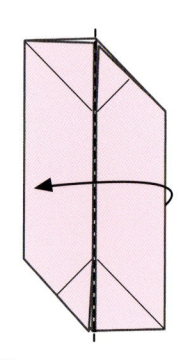
8 半分に折る。 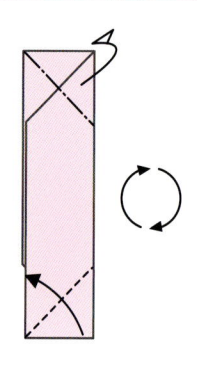
9 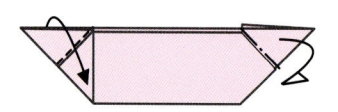
10 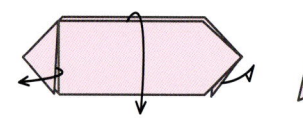
11 開く。 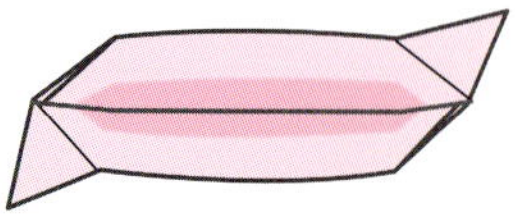
12 ピースの出来上がり。

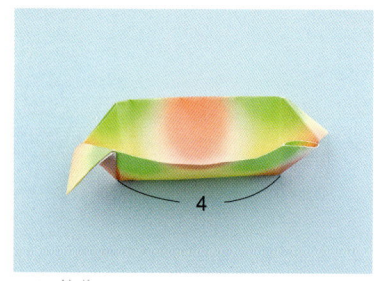

*30枚作る

組み立て方

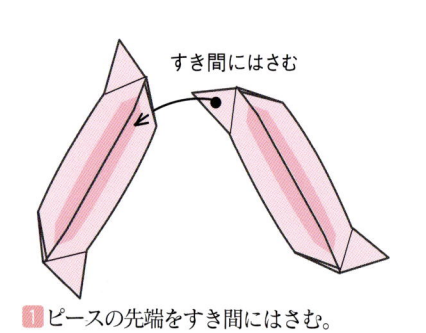

1 ピースの先端をすき間にはさむ。
　すき間にはさむ

2 3枚を1ユニットに組み立てていく。

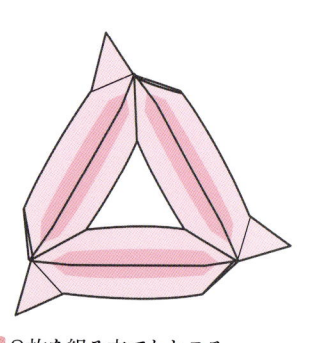

3 3枚を組み立てたところ。
（基本3枚組）

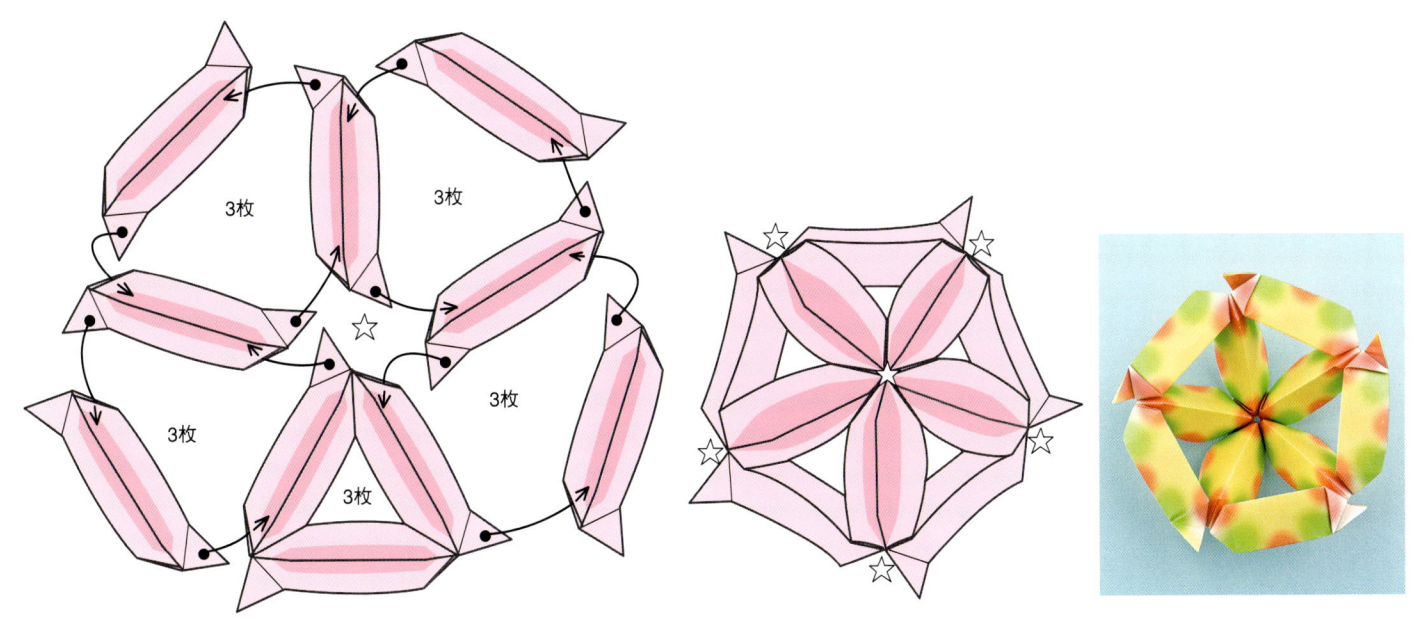

4 基本3枚組を続ける。

5 ☆印に5枚ずつ集まるように基本3枚組をする。10枚組み立てたところ。

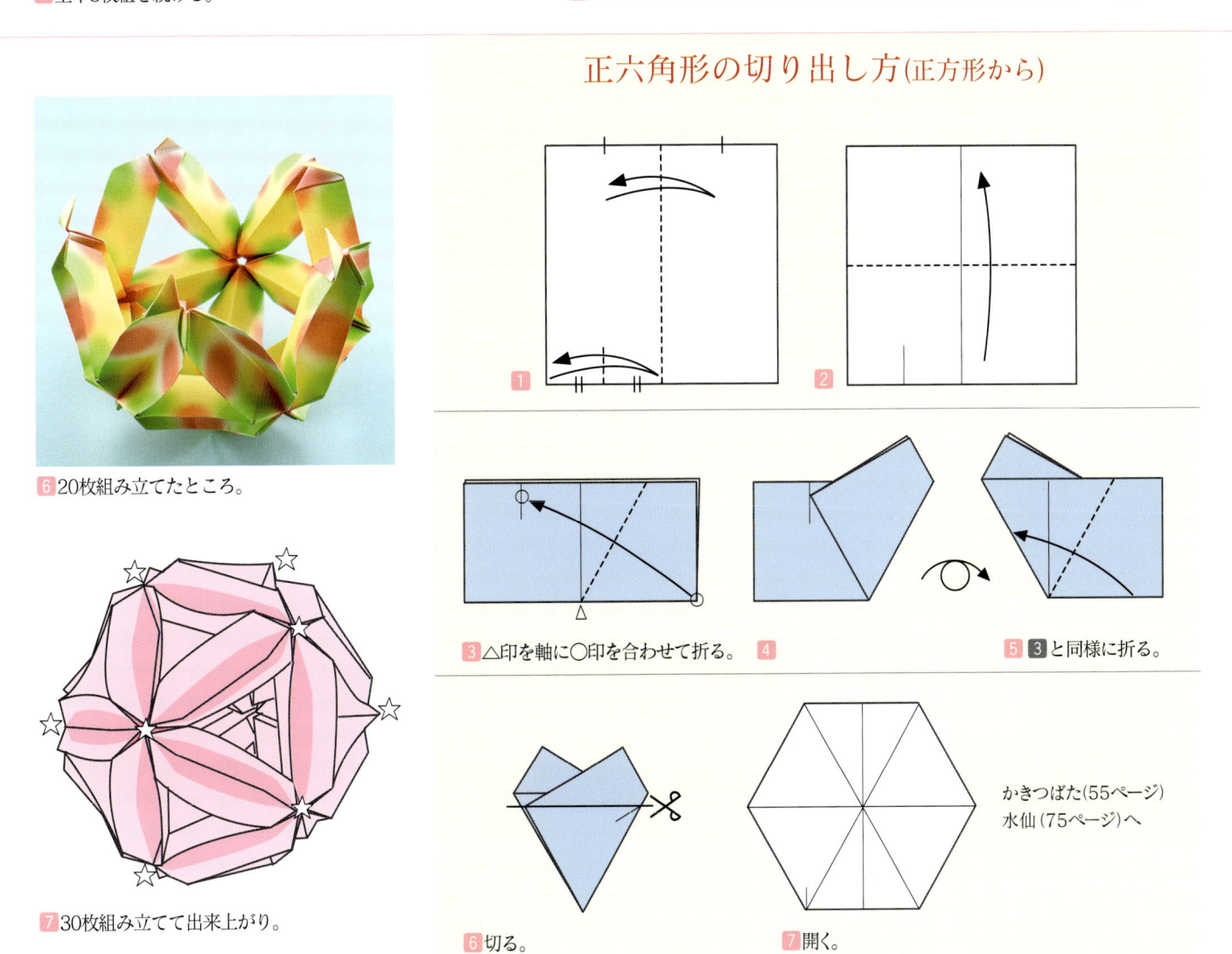

6 20枚組み立てたところ。

7 30枚組み立てて出来上がり。

正六角形の切り出し方(正方形から)

1

2

3 △印を軸に○印を合わせて折る。

4

5 3と同様に折る。

6 切る。

7 開く。

かきつばた(55ページ)
水仙(75ページ)へ

チューリップ

この季節、学校や公園にたくさん咲いているチューリップは、
きゅっと締まった花の形がキュート。
折り方の手加減で、一つ一つ形の異なる花になります。

→作り方46ページ

ちょう

ちょうとあげはちょうは、羽先の形が違います。
折り方の最初のほうで、それぞれの形の基礎ができ、
そこからは同じようなアレンジで仕上がります。

→作り方50ページ

あげはちょう

るり色に輝く羽のあげはちょうが、
カバンの上で一休み。
次はどこに旅立つのでしょう?

→作り方51ページ

かぶと(3種)／載せ台

端午の節句といえば、こいのぼりと、この雄々しいかぶと。
基本の形から、くわがたの形を変えて3種類。
どの形が好みかしら?

→作り方52ページ

かきつばた

水面にまっすぐに立ち、
深い青紫色が印象的なかきつばた。
その落ち着いた美しさを、
はっきりとした折り目と
鋭角な形で表現しています。

→作り方55ページ

カエル

はすの葉の上で、ぴょこぴょこ遊ぶカエルが2匹。
おなかの膨らませ方次第で、
呼吸をしている様子も表現できます。

→作り方56ページ

はすの花

おめでたいとされるはすの花は、なんだか姿も神秘的です。
折り重なりが多いので、はじめから丁寧に折り進めて。

→作り方56ページ

カタツムリ

1匹、2匹、3匹……カタツムリたちが
頭を寄せ合っています。
「あそこの葉っぱがおいしい」?
それとも「私がいちばんきれい」!?
→作り方57ページ

七夕飾り

着物

織姫と彦星に思いをはせて、
着物の七夕飾りを飾ります。
長方形の紙からスタートする作品で、
袖の形はお好みでアレンジしましょう。

→作り方58ページ

ダブルスター

七夕といえば「きらきら星」、
またたく星をイメージして。
2つのパーツを差し込んで作るので、
色の組み合わせを楽しんでください。

→作り方59ページ

菊升のくす玉

七夕のささ飾りを華やかに見せる
菊升のくす玉。
伝承の形にストッパーをつけ、
房もつけてボリュームを加えました。

→作り方60ページ

夏

力強い太陽の光に照らされて
色かたちがより鮮やかに映える夏。
透明感や涼やかさのある色が、
さわやかな風のように、ふっと暑気を払ってくれます。

あさがおボール

さまざまな紫色が、初夏の朝を涼しげに彩るあさがお。
くす玉の形になって、12個のあさがおの花が咲いています。

→作り方22ページ

21

あさがおボール

←作品20ページ

- 出来上がり寸法　直径14.5cm
- おりがみ　12×12cm……30枚

＊正方形のおりがみから変形の紙を切り出して作ります。

おりがみの切り出し方

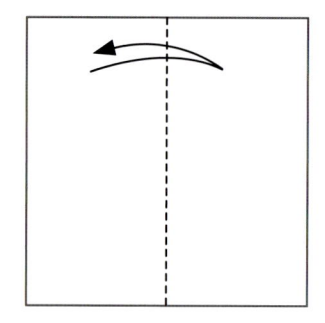

1 折り線をつけて元に戻す。

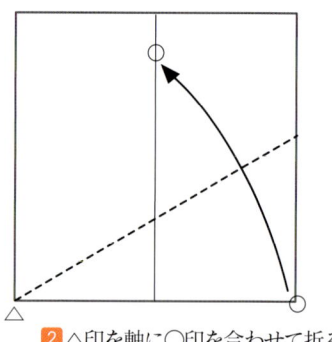

2 △印を軸に○印を合わせて折る。

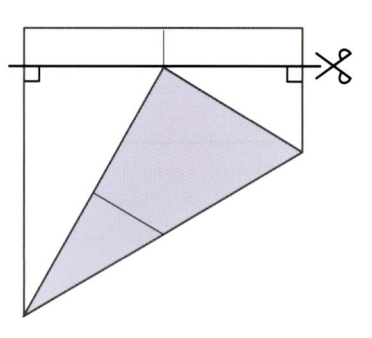

3 直角に線を引いて切る。

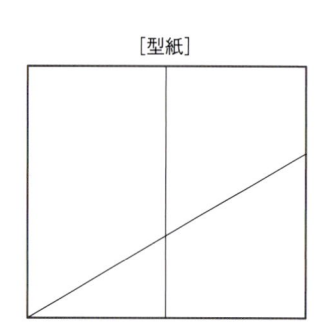

4 開いて切り出し用の型紙にする。

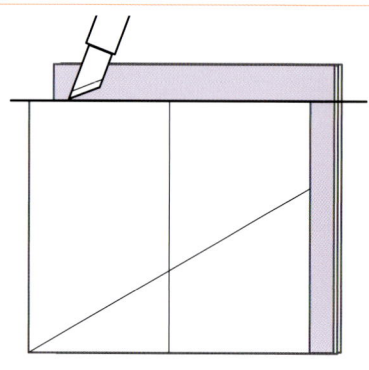

[型紙]

5 4を新しいおりがみ数枚に重ね、カッターなどで切る。

折り方

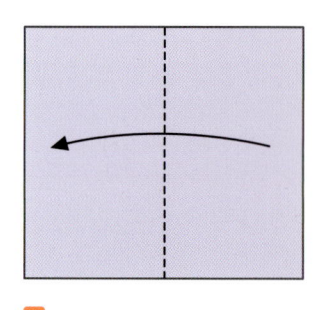

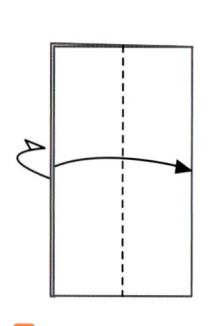

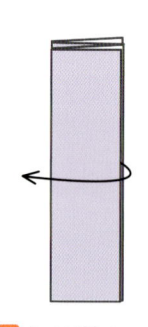

1

2

3 すべて開く。

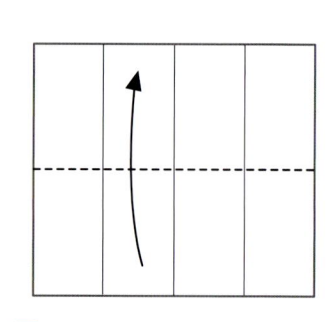

4 半分に折る。

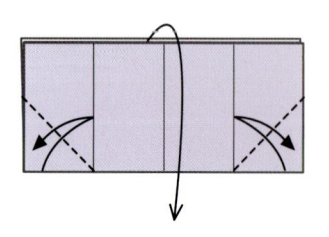

5 折り線をつけたら開く。

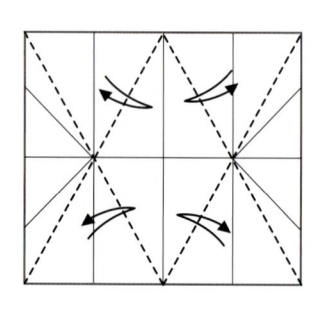

6 折り線をつけて戻す。

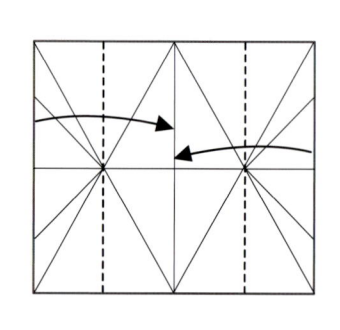

7 中央に合わせて折る。

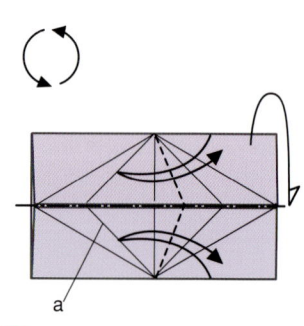

8 aに合わせて折り線をつけ、向こう側に折る。

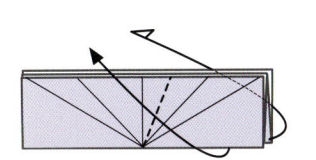

9 かぶせ折り。

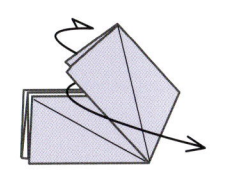

10 折り線をつけたら戻す。

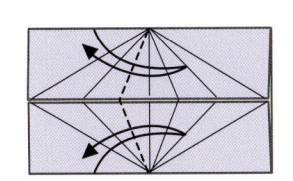

11 8～10と同様に折り、折り線をつけたら戻す。

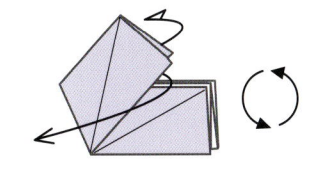

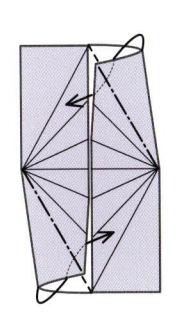

12 中割り折り。

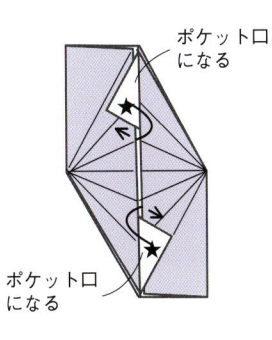

13 ★印を中にしまう。
ポケット口になる
ポケット口になる

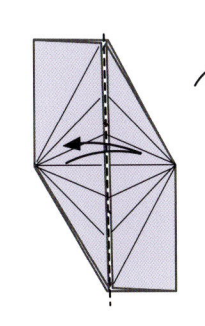

14 折り線をつけて戻す。

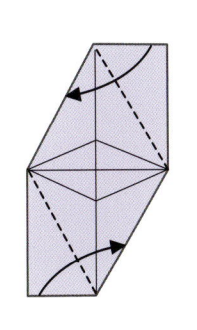

15

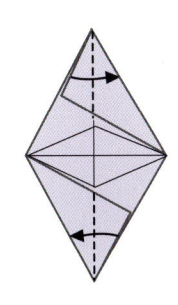

16

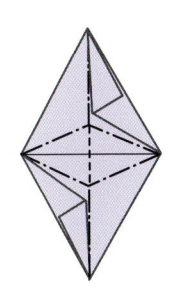

17 折り線どおりにまとめる。

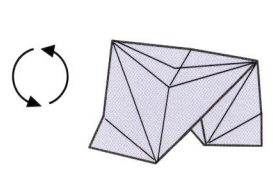

18 ピースの出来上がり。＊30個作る

組み方

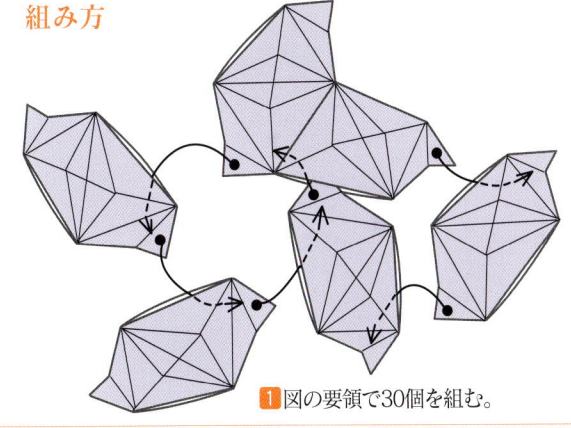

1 図の要領で30個を組む。

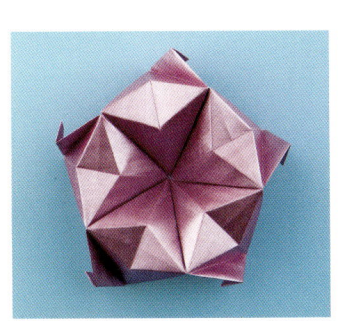

5個組んだところ。1個ずつ奥までしっかり差し込む。

10個組んだところ。以後は内側を見ながら組み立てる。

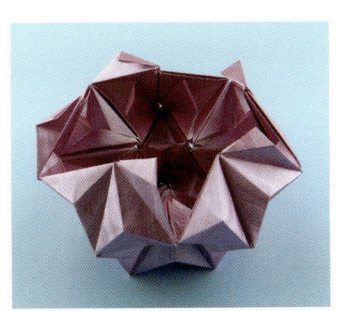

20個組んだところ。

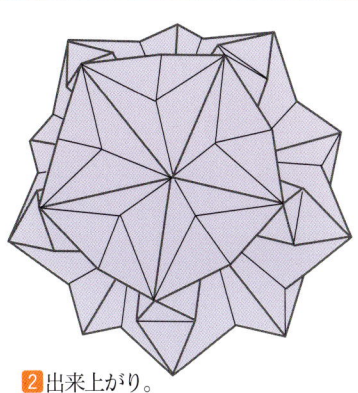

2 出来上がり。

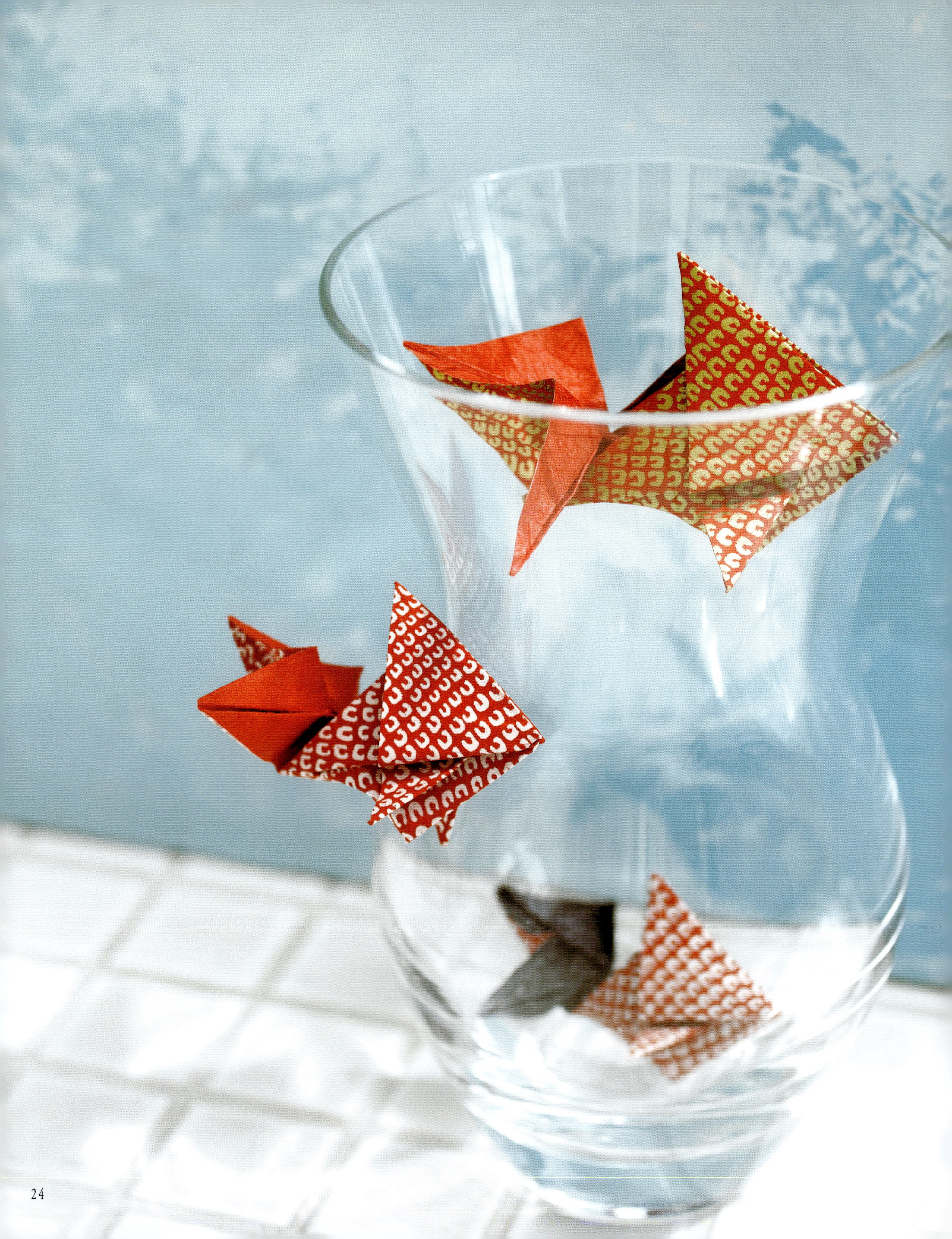

金魚

ゆらりゆらり、気ままに泳ぐ金魚たち。
なんと鉢からも飛び出してしまいました！
尾をぐっとたたみ込み、
おなかを平らにつぶすことで、
ふっくらかわいい形になります。

→作り方62ページ

オウム貝

透過光によって浮かび上がる折り重なりが美しい、オウム貝。
規則的な折り方を丁寧に繰り返して作っていきます。

→作り方64ページ

ヒオウギ貝

息をのむほど鮮やかな色をしているヒオウギ貝。
その美しい貝殻を、光沢のある紙で表現してみました。
きれいな曲線をつけて膨らませるのがポイントです。

→作り方65ページ

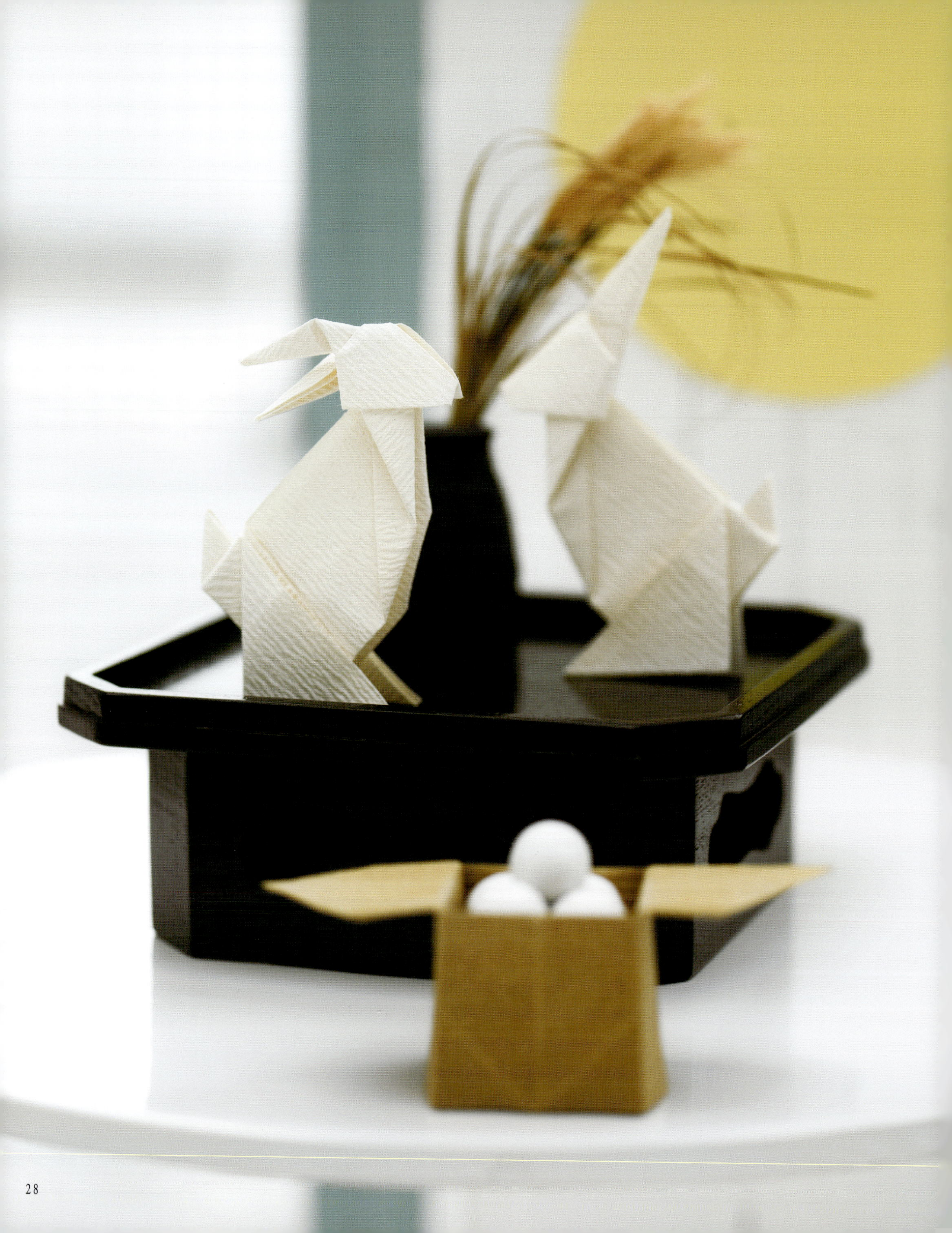

秋

風のにおいが変わり、山々が色づいて
あちらこちらで豊穣（ほうじょう）な実りの訪れる秋。
草花も動物たちも、そして私たちの心も
一年でいちばん、充実している季節ではないでしょうか。

ウサギ

ちょこんとたたずむ姿が
かわいらしい、
お月見のウサギ。
耳を寝かせると、
優しい雰囲気になります。

→作り方66ページ

三方（さんぼう）

おだんごを載せる三方は、
おりがみの定番。
小物やお菓子などを
入れることができ、
折りたたむこともできて、
実用にも優れた作品です。

→作り方67ページ

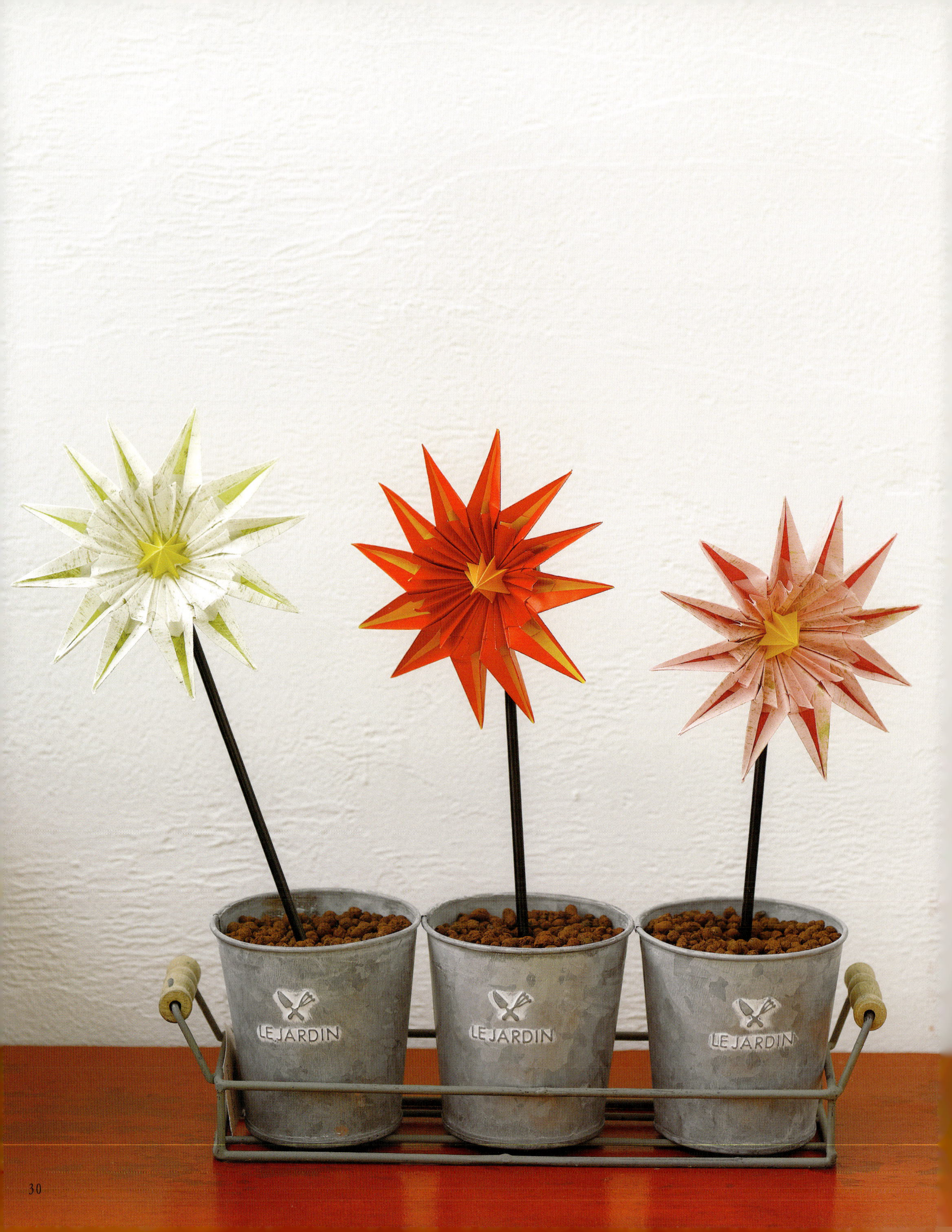
LE JARDIN
LE JARDIN
LE JARDIN

ダリア

お日さまのように大輪の花をつけるダリアには、
「華麗」という花言葉がぴったり。
一輪を形づくる12個のパーツは、色を変えてもおもしろい。

→作り方32ページ

ダリア

←口絵30ページ

- ●出来上がり寸法　直径14cm
- ●おりがみ　花　7.5×7.5cm……12枚
　　　　　　　花しん　7.5×7.5cm……1枚

*やや厚めのおりがみが適しています。

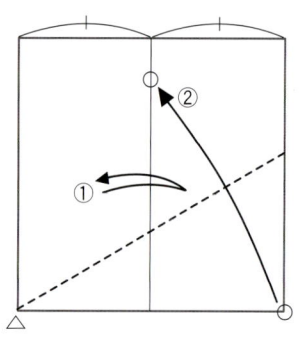

1 ①折り線をつけて戻してから、②△印を軸に○印を合わせて折る。

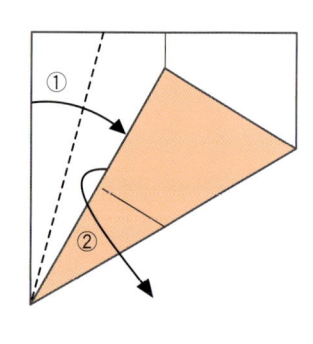

2 ①のように折り、②戻す。

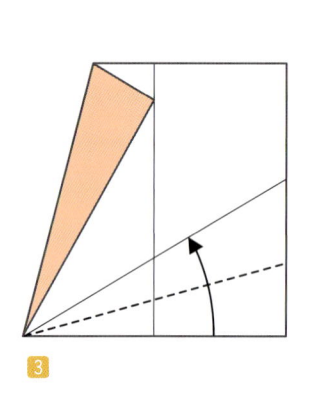

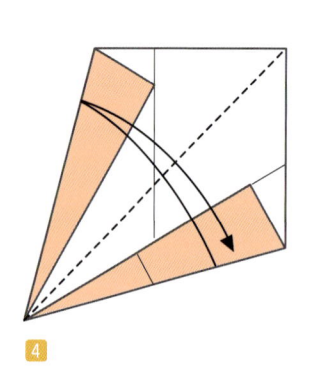

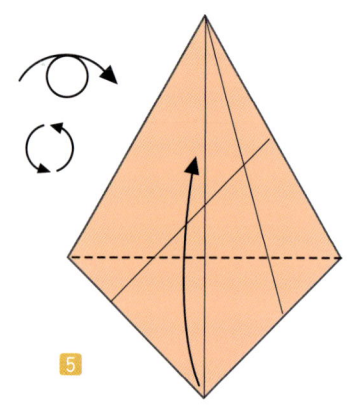

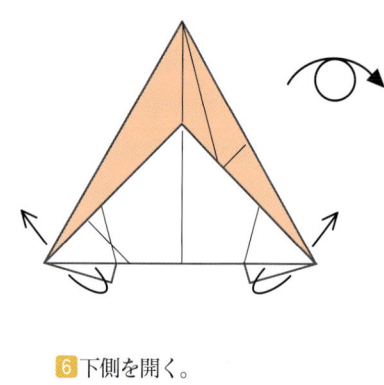

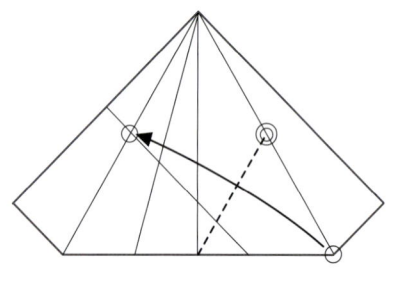

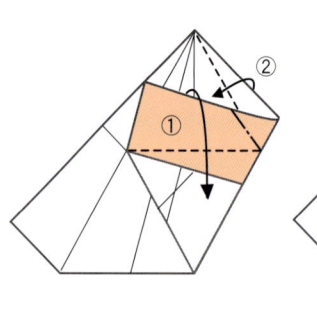

3

4

5

6 下側を開く。

7 ○印を合わせて、◎まで折る。

8

9 すべて開く。

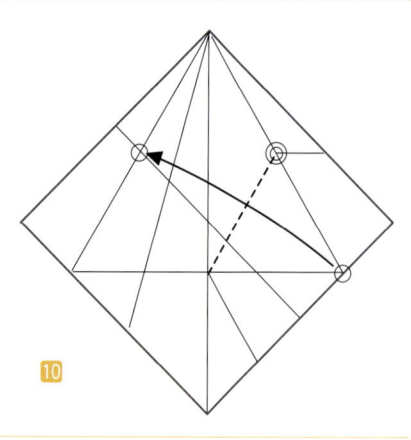

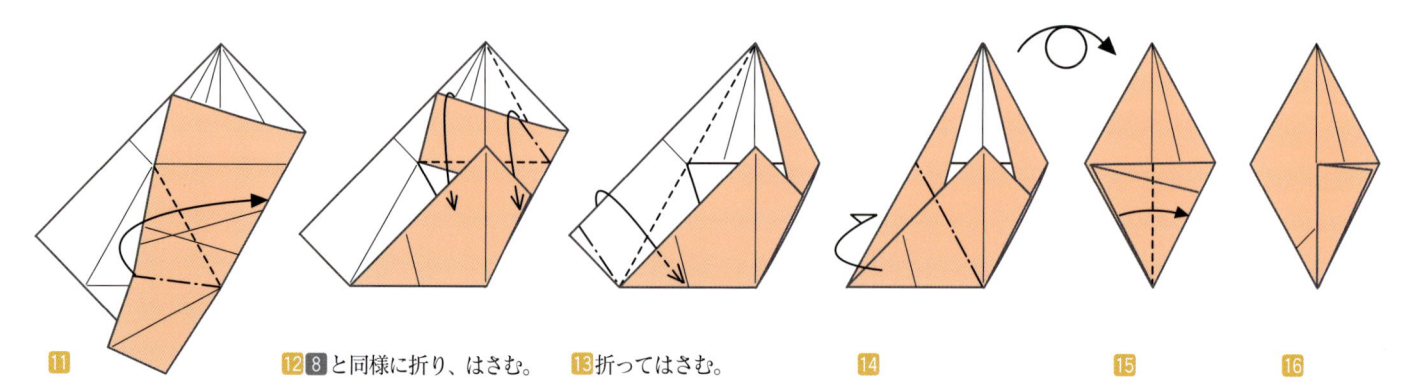

10

11

12 8 と同様に折り、はさむ。

13 折ってはさむ。

14

15

16

32

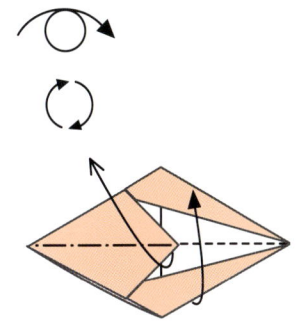

17 中を引き上げて半分に折る。

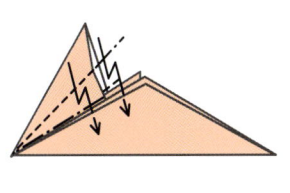

18 段に折って中に沈める。

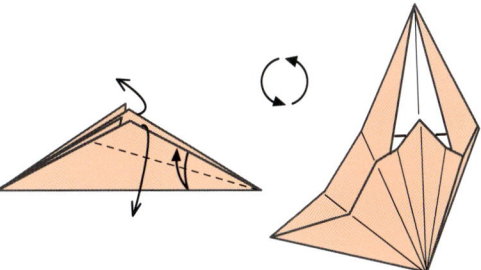

19 折り線をつけて戻し、開く。

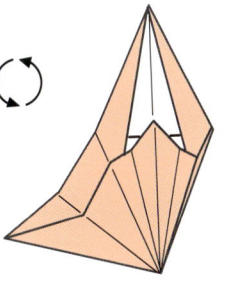

20 ピースの出来上がり。

＊12枚作る

組み方

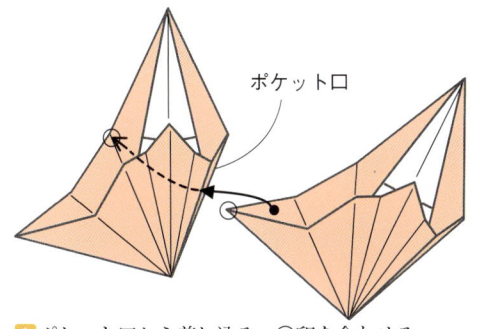

ポケット口

1 ポケット口から差し込み、○印を合わせる。

2 1枚ずつ順に差し込む。

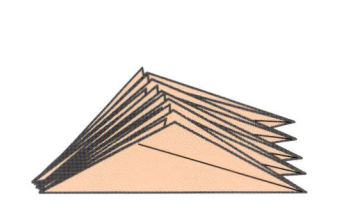

3 1枚差し込むごとにしっかり折り目をつける。

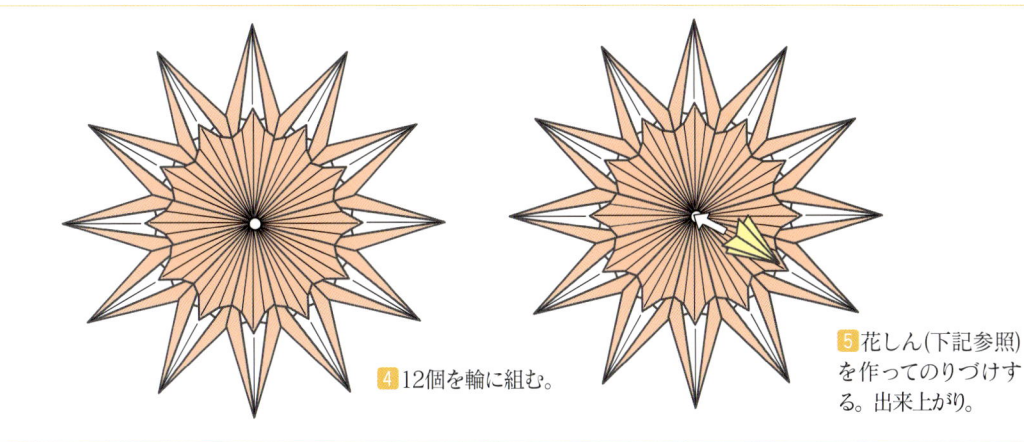

4 12個を輪に組む。

5 花しん（下記参照）を作ってのりづけする。出来上がり。

花しん

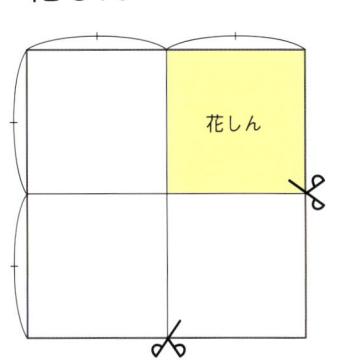

5ページ　基本形Cからスタート

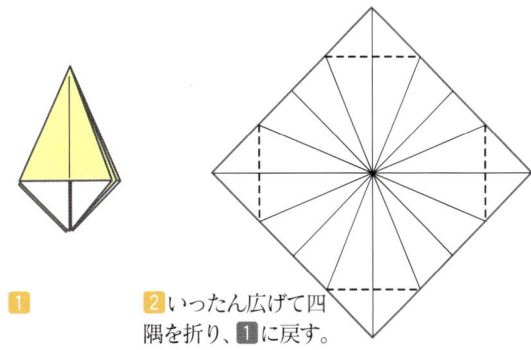

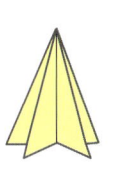

花しん

1

2 いったん広げて四隅を折り、1 に戻す。

3 ひだを均等に開く。

4 出来上がり。

33

柿の実

鮮やかなオレンジ色の実がとてもおいしそう。
全体の形が折り上がったら、一気に息を吹き込んで膨らませます。

→作り方68ページ

いちょう(右側の2点)

秋が深まると、黄色いじゅうたんのように並木道を埋めるいちょうの葉。
折り線をつけることで、葉脈の雰囲気を表現しています。

→作り方69ページ

落ち葉

赤、黄色、茶色。色づいた落ち葉はきれいですが、少し寂しい気持ちも。
折り目のつけ方の加減で、葉の質感を工夫してみてください。

→作り方69ページ

リス

大きなしっぽを振って、すばしっこく木々を駆け回るリス。
派手なデザインの紙で折ってみると、
思いもよらぬかわいらしい仕上がりに。

→作り方70ページ

お座りクマさん

りんごをめぐって「はっけよい、残った!」
座った姿がユーモラスなクマです。
手や足の先など、細かい部分は
じっくり丁寧に折ってください。

→作り方72ページ

子ザル

遊び盛りのサルの子どもたち。
手の向き、形に変化をつけて、
元気いっぱいの様子を描いてみてください。

→作り方74ページ

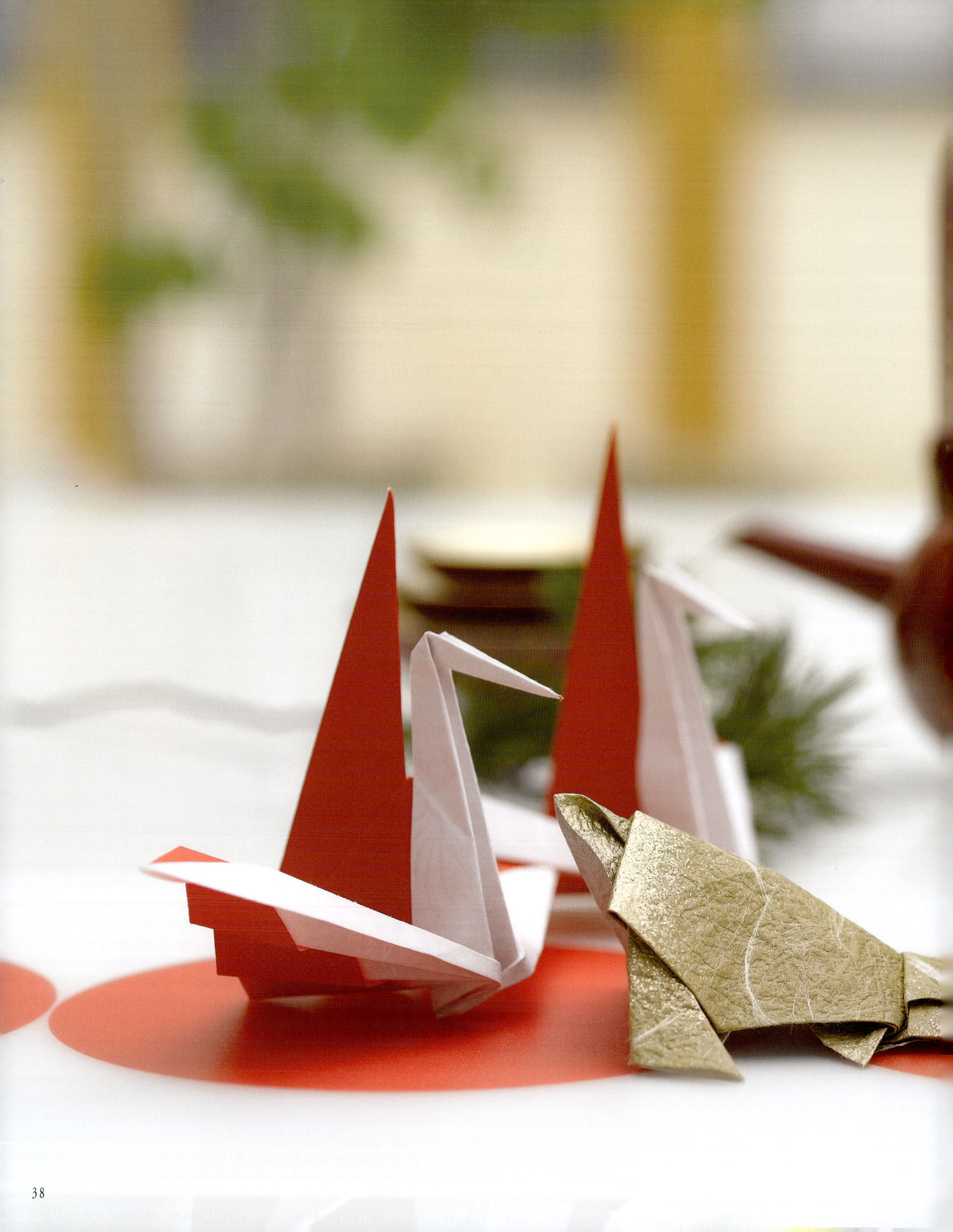

冬

冷たく空気が引き締まり
透き通るような白色が美しい冬。
新しい季節を待ち望む行事には
人々の暮らしのぬくもりが感じられます。

紅白折羽鶴
おりはづる

新年を迎える席に、
おめでたい紅白の鶴を飾りました。
伝承の折り方から、
紙の両面の色が現れるように
アレンジしています。

→作り方76ページ

亀

長寿を表す亀を、
金和紙で豪華な雰囲気に。
おなかの部分を立体に組むことで、
丸みのある体に仕上げました。

→作り方77ページ

白鳥

銀色に輝く水面に、踊るように集う白鳥。
基本の形から、翼をたたんだもの、
広げたもの、両方を折ることができます。
→作り方78ページ

水仙

冷たい冬景色に、明るさをともしてくれる水仙の花。
花しんの中央をきっちりと折り込むのが、
きれいな形に仕上げるこつです。

→作り方75ページ

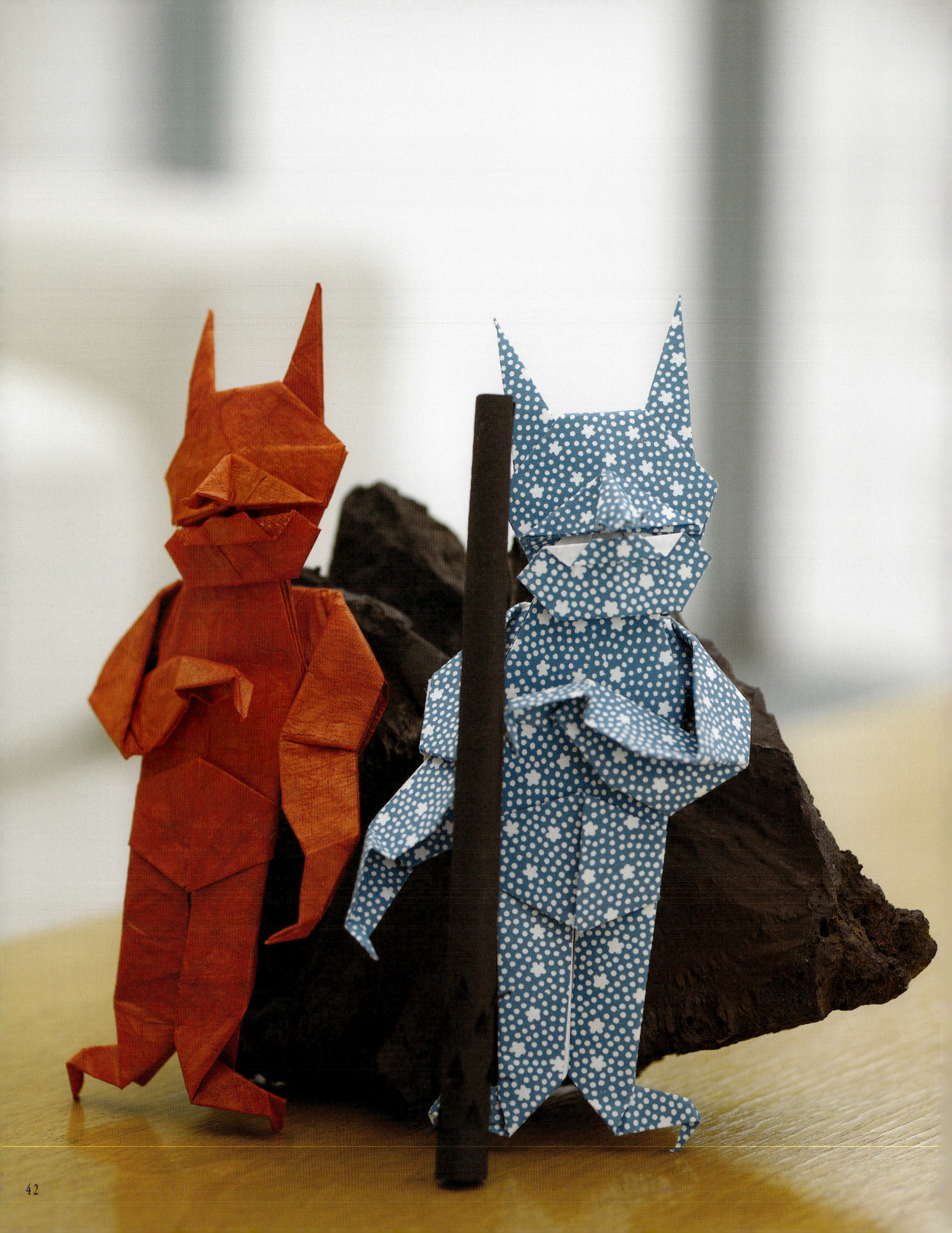

節分の鬼

どこかコミカルで、
憎めない表情をした節分の鬼。
頭と体はそれぞれ折るので、
頭だけで飾ることもできます。

→作り方44ページ

# 節分の鬼

←口絵42ページ

●出来上がり寸法
　全体長　約20㎝
　顔の大きさ　7㎝
●おりがみ　25×25㎝……2枚
＊表面にしわのような手触り感のある和紙で折っています。

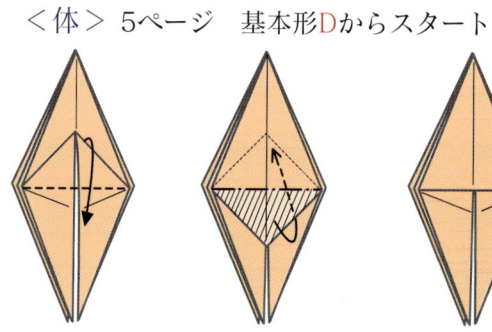

<体>　5ページ　基本形Dからスタート

1

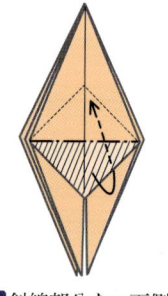

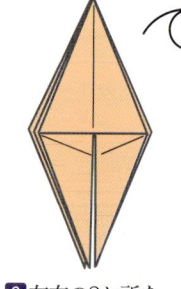

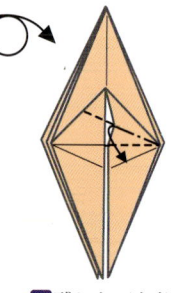

2 斜線部分を、下側にいったん開いて点線の位置に入れる。

3 左右の2か所を同じように折る。

4 残した三角部分を折る。

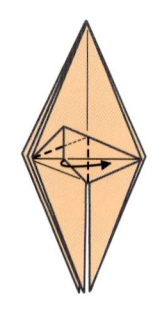

5

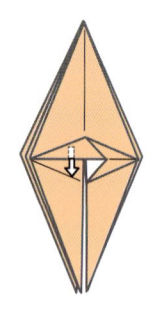

6 中の紙を引き出す。

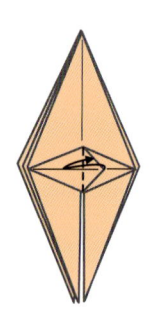

7

8 斜線部分を中に入れる。

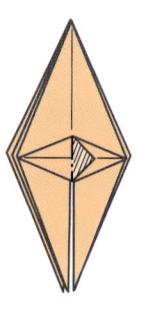

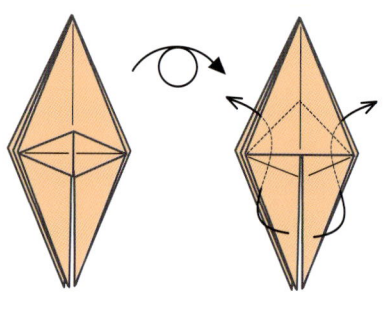

9

10 左右を中割り折り。

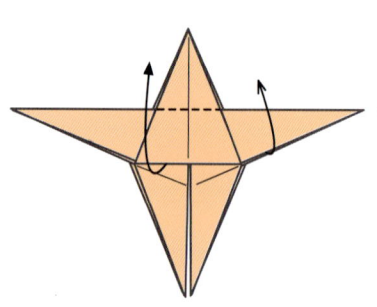

11 上側の1枚を折る。

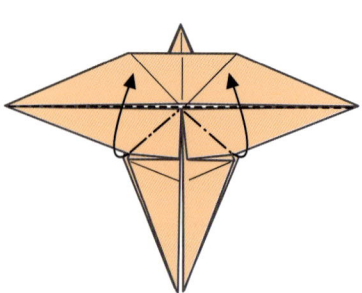

12 下側の1枚を、山線を折りながら折る。

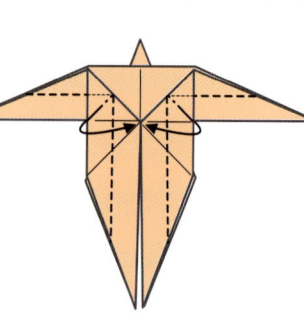

13 上だけを引き寄せて折る。

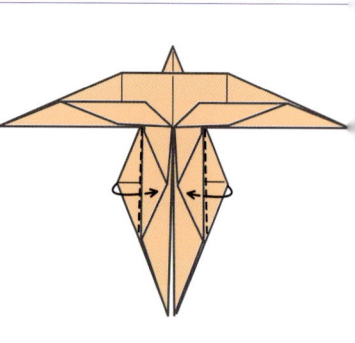

14 折り線(少し斜めになる)を折って間に入れる。

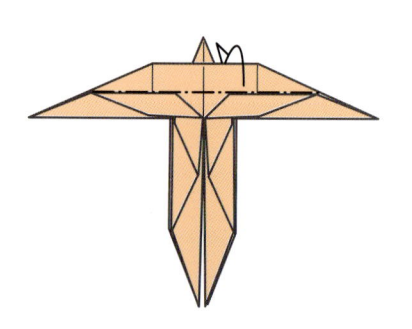

15 向こう側に折り、はさむ。

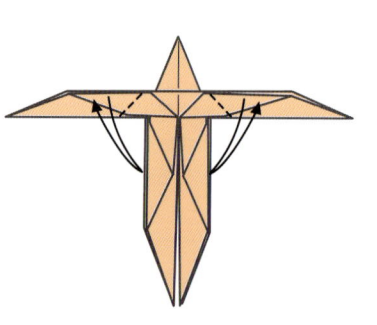

16 折り線をつけて戻す。

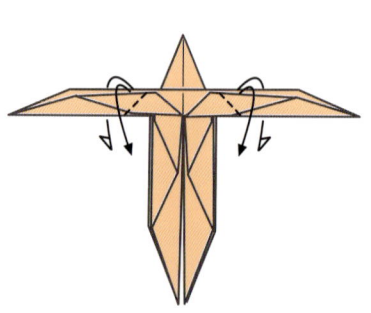

17 かぶせ折り。

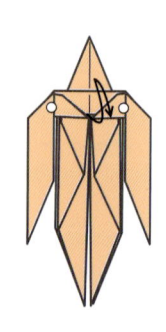

18 間の1枚を持ち上げて〇印にかぶせて中に入れる。

44

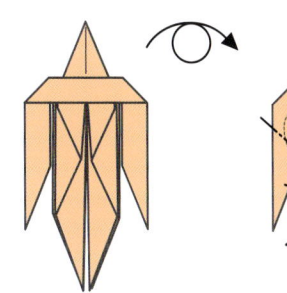

19

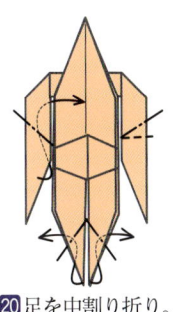

20 足を中割り折り。

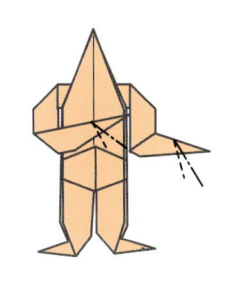

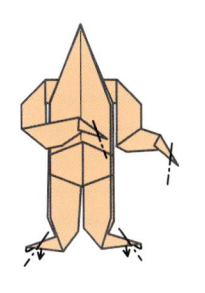

21 手足の先を中割り折りし、自由にポーズをつける。

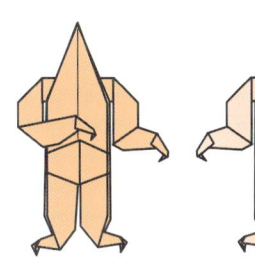

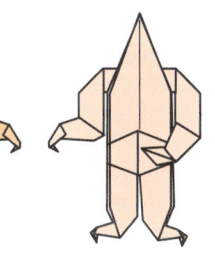

22 体の出来上がり。

<頭>　5ページ　基本形Bからスタート

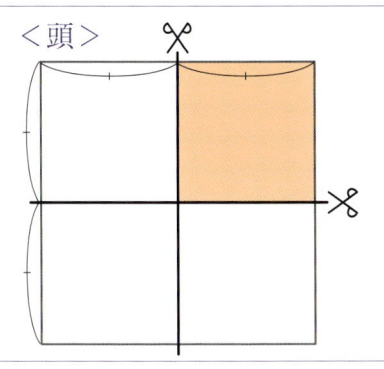

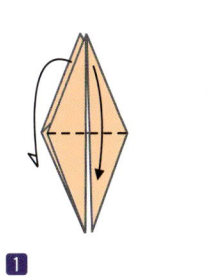

1

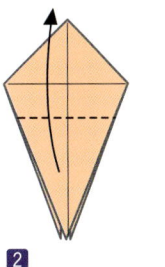

2

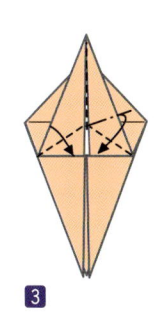

3

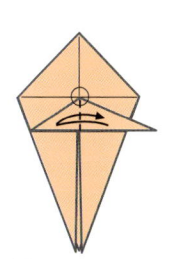

4

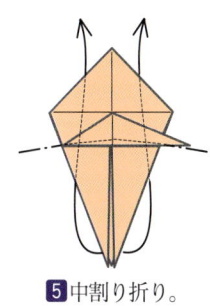

5 中割り折り。

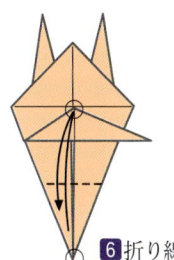

6 折り線をつけて、上に開く。

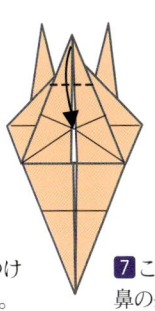

7 この折り幅で鼻の長さが決まる。

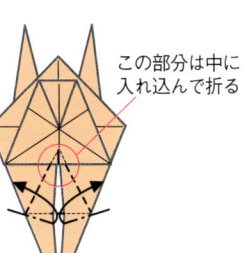

8 左右に開きながら折り上げる。

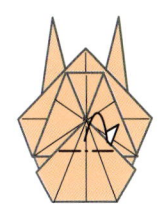

この部分は中に入れ込んで折る

9

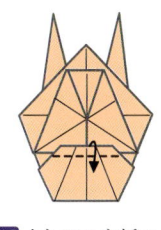

10 くちびるを折る。

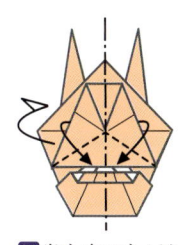

11 鼻を立てながら半分に折る。

12

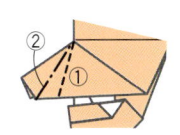

13 片側ずつ鼻を折る。12の山線は両側から押さえる。

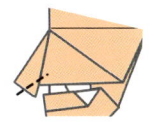

14 小鼻を折る。

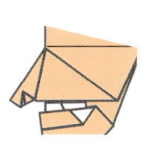

15

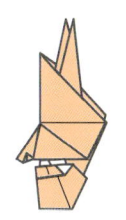

16 あごを調節して開く

折り上がっているあご部分を持って引き出し、下部を押さえ直す。

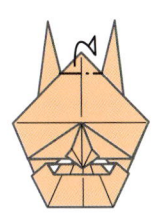

17 頭の上を折り、全体の形を整える。

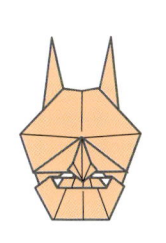

18 頭を体にのりづけする。

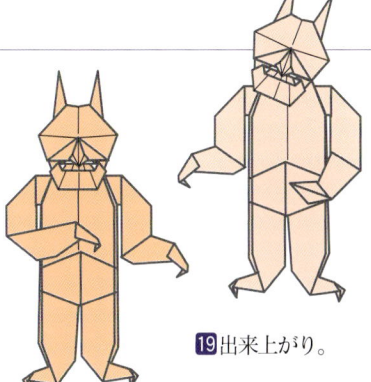

19 出来上がり。

45

口絵作品の作り方

◆どの作品も、一般的な1辺15〜25cm程度のおりがみで折ることができます。表示してあるおりがみのサイズは、口絵作品を折るときに使用したものです。好みのサイズのおりがみで、好みのサイズの作品を仕上げてください。

◆おりがみの素材によって、仕上がりの雰囲気は異なります。素材にポイントがある作品については、コメントをつけてありますので、制作の参考にしてください。

◆一部、のりで接着する作品があります。

チューリップ

← 作品12ページ

- 出来上がり寸法　花　高さ5cm
- 　　　　　　　　葉　長さ12cm
- 折り紙　花　12×12cm
- 　　　　葉　12×12cm……2枚

<花>

1 折り線をつけて戻す。

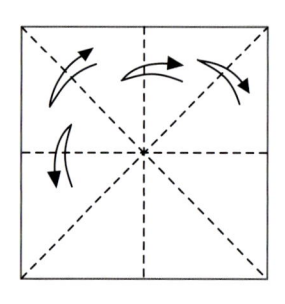

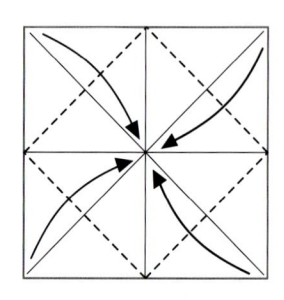

2 座ぶとん折り。

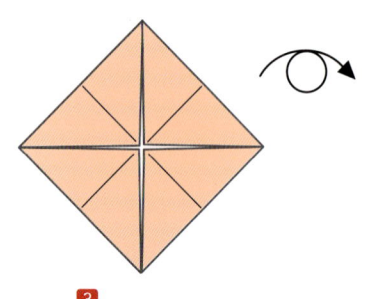

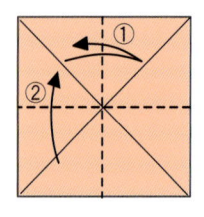

3

4 番号順に折る。

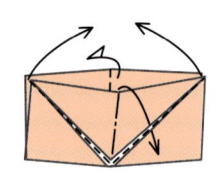

5 中を割って4つの先を上に集める。

6 上下2枚を少し斜めに折る。

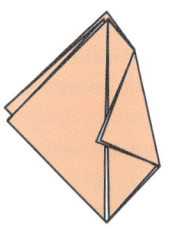

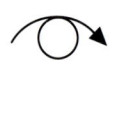

7

8 左右対称になるように折る。

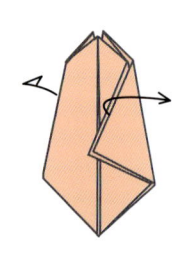

9 下の1枚を残していったん開く。

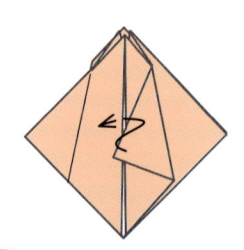

10 角をすき間にはさむ。後ろも同様に。

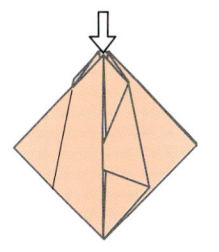

11 指を入れて中を開き、底を平らにする。

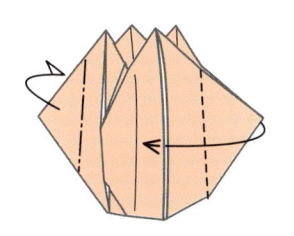

12 残りの2か所を、巻くようにして角をはさむ。

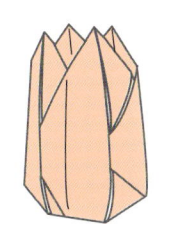

13 内側に指を入れて膨らませる。出来上がり。

<葉>
笠原邦彦さんの応用。
笠原邦彦さんの「チューリップの葉」を2枚一組で折りました。

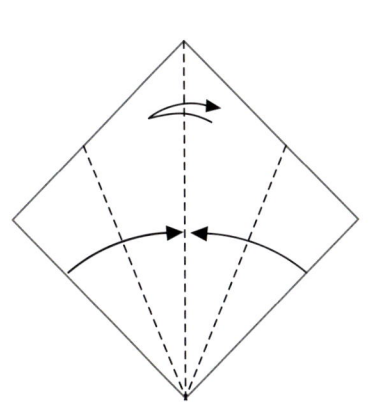

1

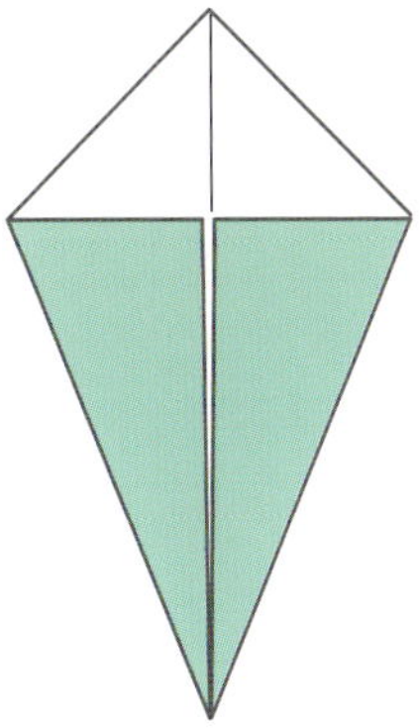

2 同じものを2枚折る。

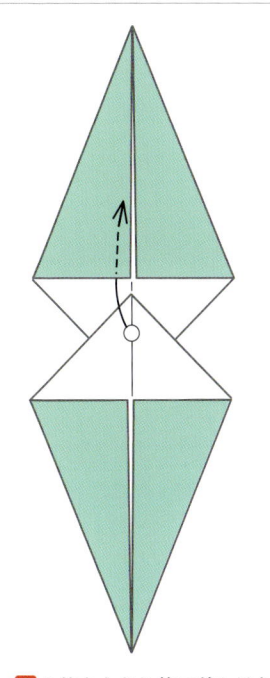

3 1枚をもう1枚に差し込む。

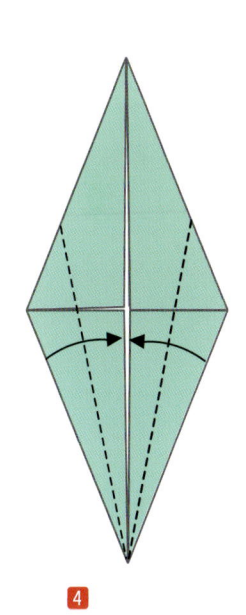

4

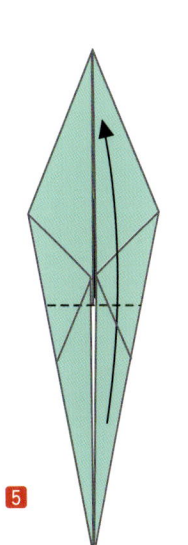

5

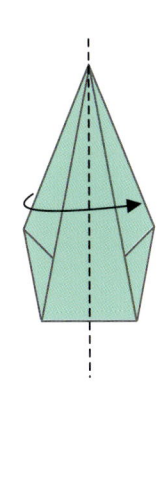

6

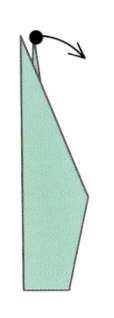

7 茎を引き出す。

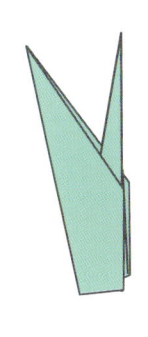

8

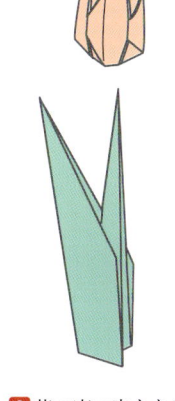

9 花の底に穴をあけて差し込む。

47

おひなさま

←作品06ページ

- ●出来上がり寸法　おびな　横幅14cm、高さ10.5cm
  　　　　　　　　めびな　横幅16cm、高さ9.5cm
- ●おりがみ　1体につき20×20cm……4枚

<体>

1
2
3 (20×20cmで折る場合の目安)
4
5
6

<着物>

1
2
3

<打ちかけ>

1
2

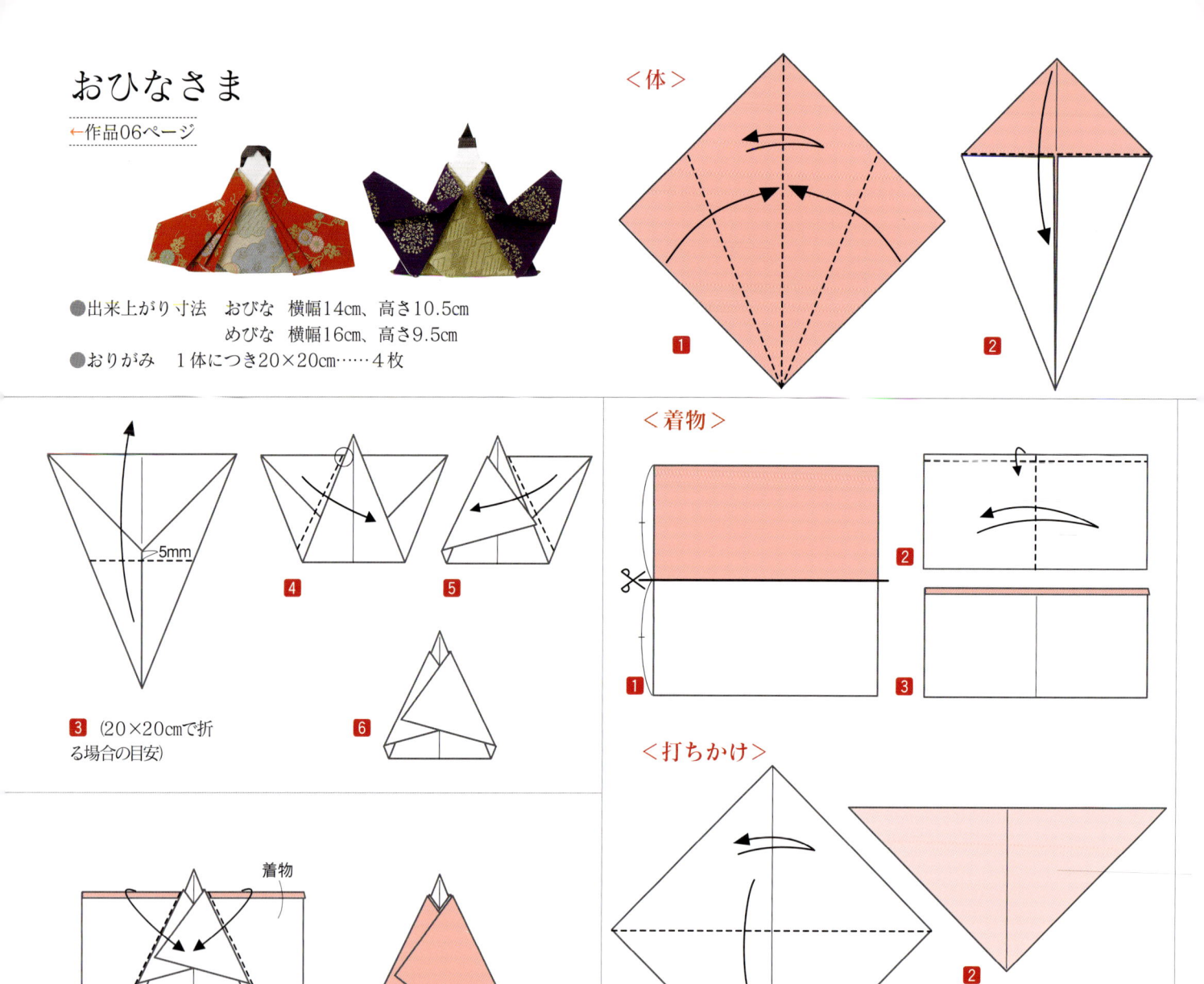

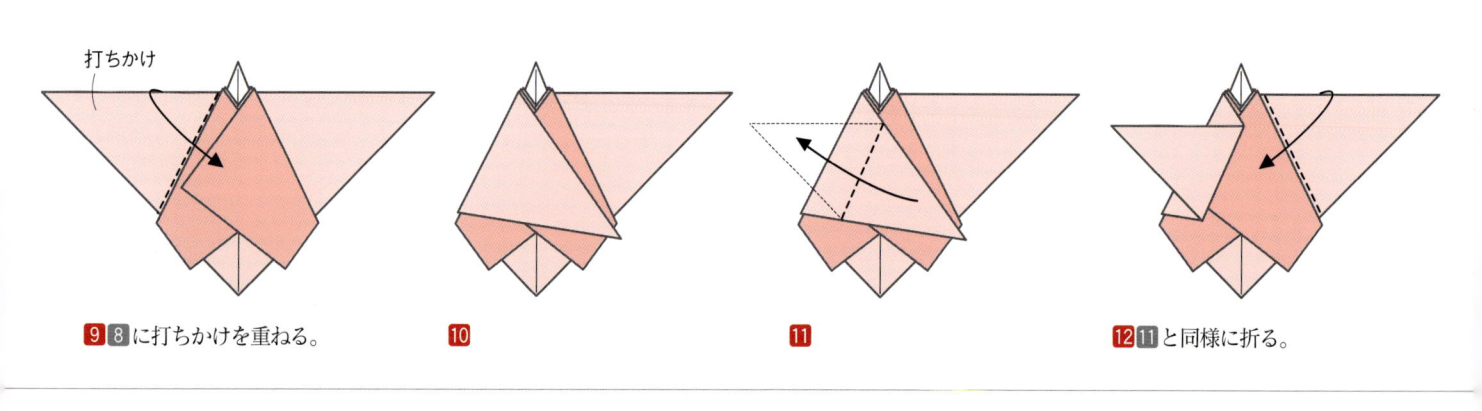

7 6に着物を重ねる。　着物
8

9 8に打ちかけを重ねる。　打ちかけ
10
11
12 11と同様に折る。

48

おびな

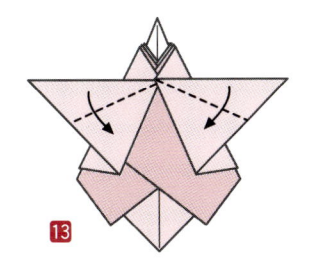

13

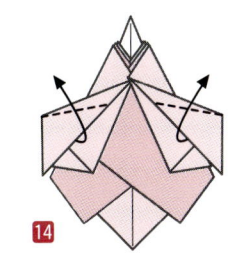

14

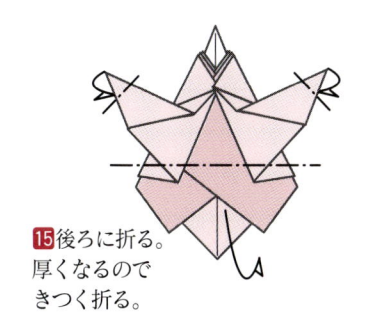

15 後ろに折る。厚くなるのできつく折る。

16

めびな

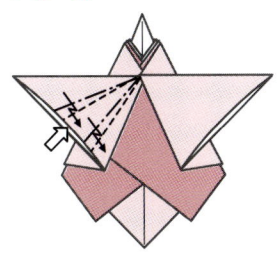

13 ポケット(たもと)に指を入れ、上の1枚だけを段折りにしてひだの感じを出す。

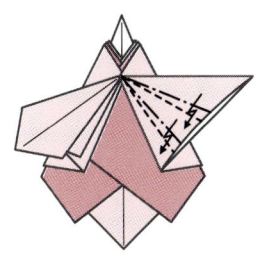

14

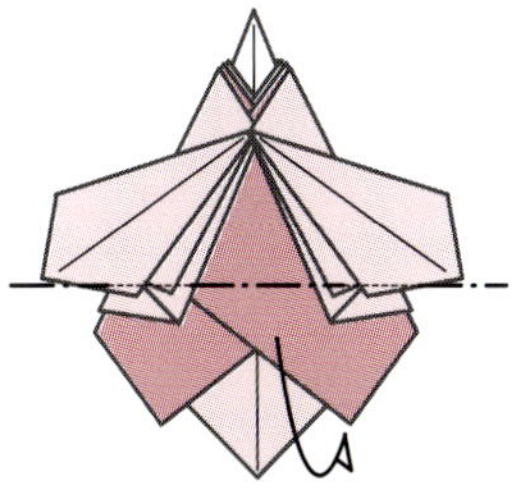

15 後ろに折る。厚くなるのできつく折る。

16

かもじ(髪)と冠

<かもじ> *かもじの長さは自由

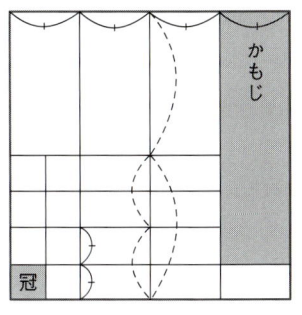

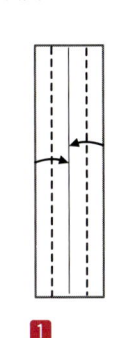

1

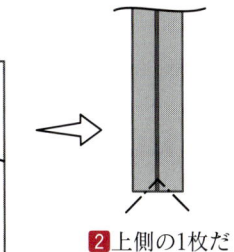

2 上側の1枚だけを少し折る(生え際になる)。

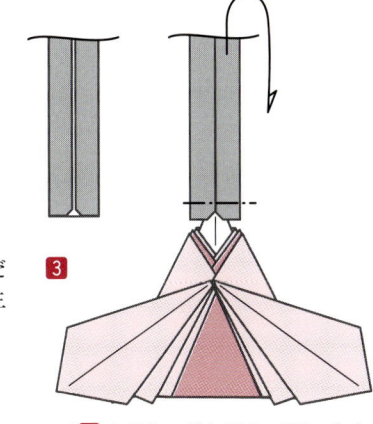

3

4 めびなに差し込んで頭の先も一緒に後ろに折る。

<めびな>

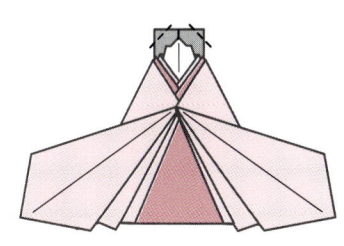

5 髪の角を後ろに折って出来上がり。

<冠>

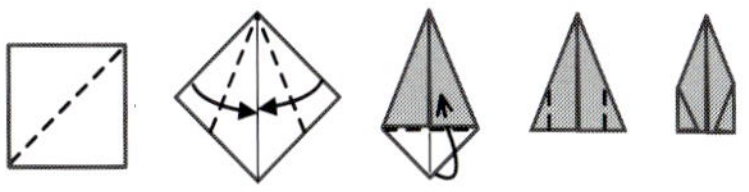

1

2

3

4

5

6 おびなに差し込む。

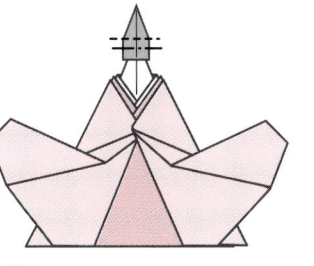

7 頭の先も一緒に後ろに折る。

<おびな>

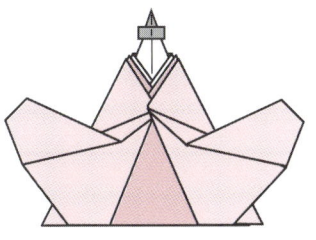

8 出来上がり。

49

ちょう

←作品13ページ

- ●出来上がり寸法　横幅10cm
- ●おりがみ　15×15cm

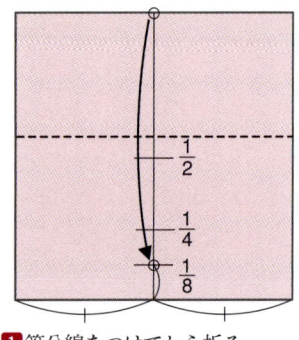

1. 等分線をつけてから折る。
2. 折り線をつけて戻す。 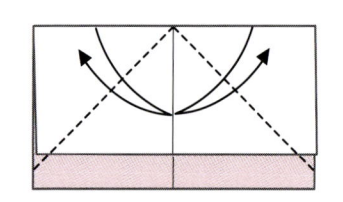
3. 折り線をつけて戻す。 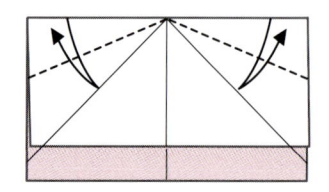
4. 両脇を引き寄せて折る。 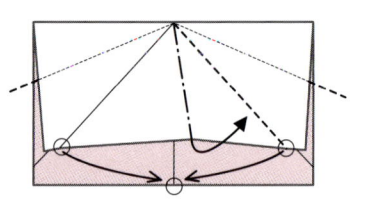
5. ポケットを開いてつぶす。 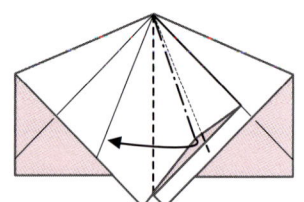
6. 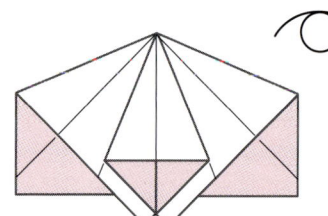
7. ○印を合わせて折る。 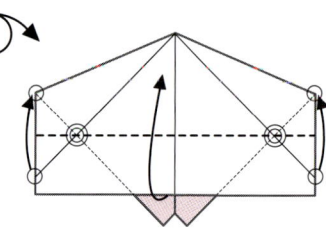
8. 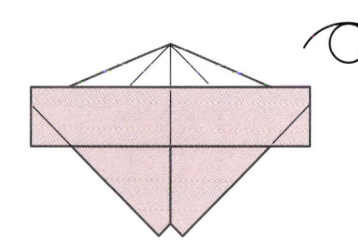
9. 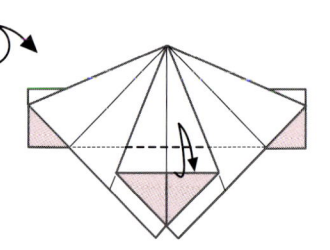
10. ①を折り上げながら②を折る。 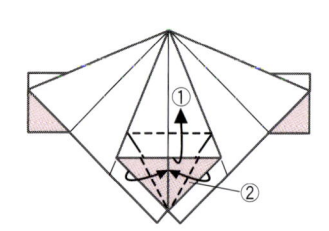
11. 引き寄せて折る。 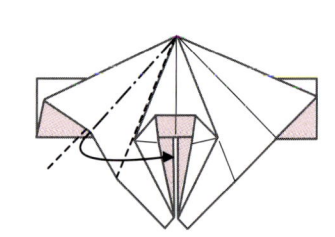
12. ○印を開いて折り上げる。 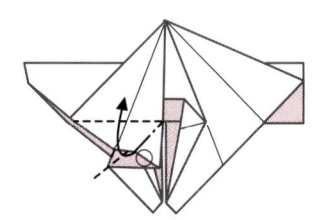
13. もう一方も11 12と同様に折る。 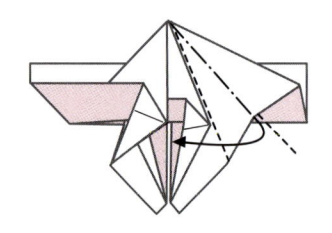
14. 半分に折る。 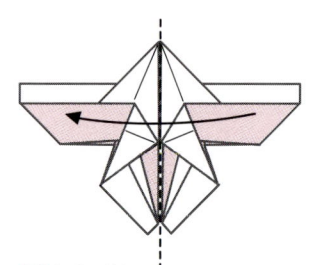
15. ○印を合わせて折る。反対側も同様に。 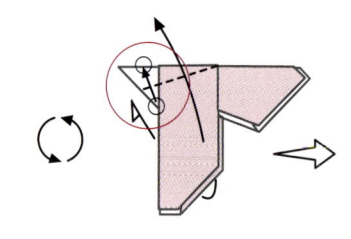
16. 紙が重なった△印のところで折る。反対側も同様に。 
17. 中割り折り。 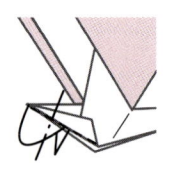
18. 頭の出来上がり。 
19. 羽を開く。 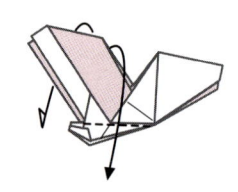
20. 出来上がり。

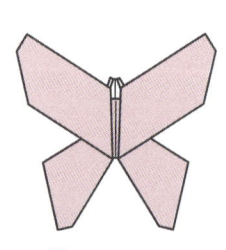

あげはちょう

←作品13ページ

- ●出来上がり寸法　横幅17cm
- ●おりがみ　25×25cm

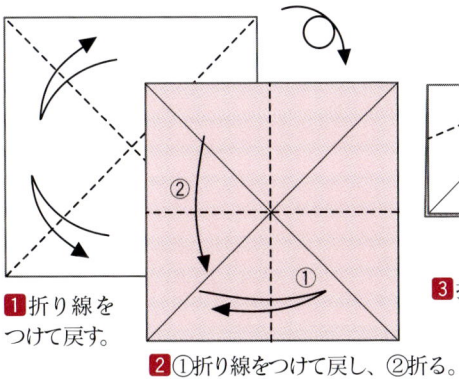

1. 折り線をつけて戻す。
2. ①折り線をつけて戻し、②折る。
3. 折り線をつけて戻す。 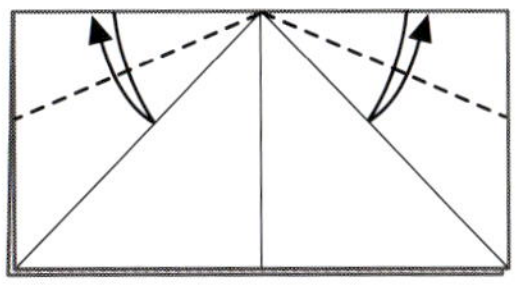
4. 両脇を引き寄せて折る。 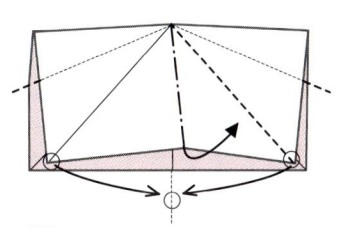
5. ポケットを開いてつぶす。 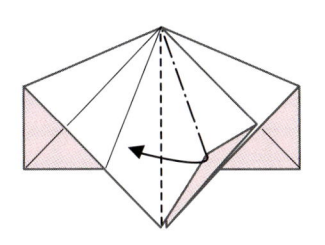
6. 折り線をつけて戻す。 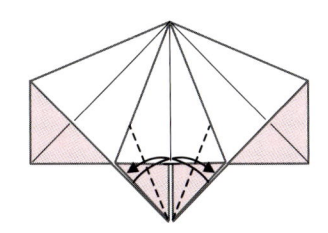
7. 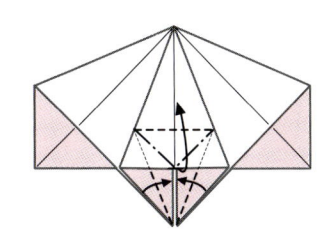
8. ○印を合わせて折り、印をつける。 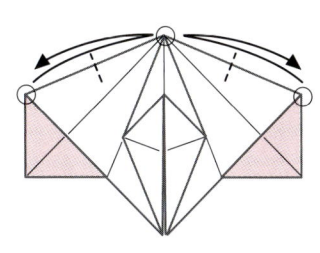
9. ○印を合わせて後ろ側へ折る。 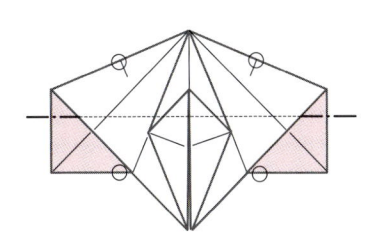
10. 引き寄せて折る。 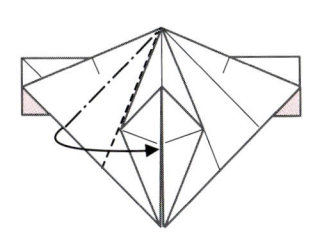
11. ①を開きながら②を折る。 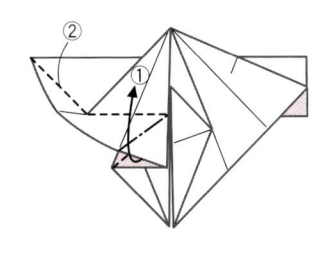
12. ○印は後ろの辺に合わせて折る。 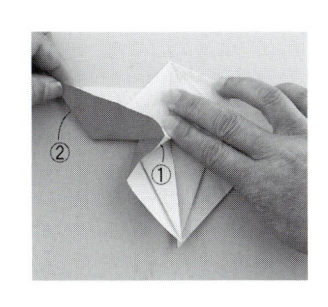 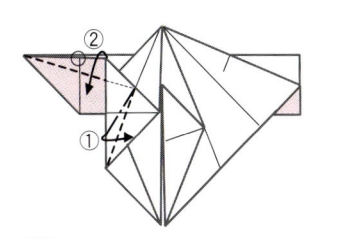
13. もう一方も11 12と同様に折る。 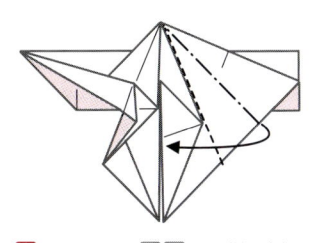
14. 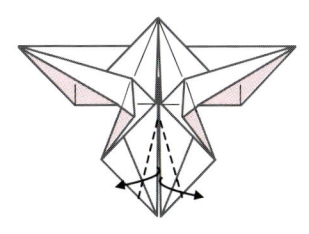
15. 内側を折る。 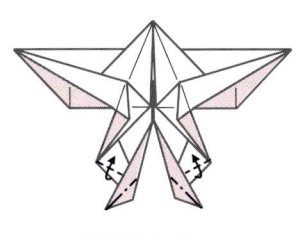
16. 半分に折る。 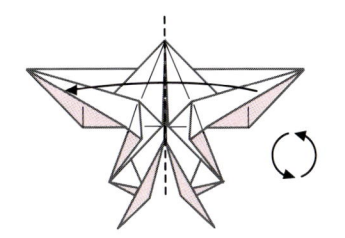
17. 羽を折り上げ、50ページの16～18を参照して頭を折り、羽を開く。 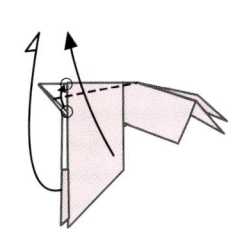
18. 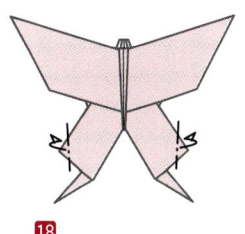
19. 出来上がり。

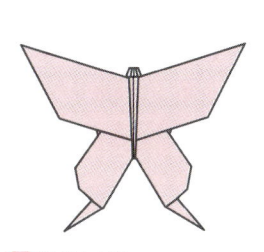

かぶと(3種)／載せ台

← 作品14ページ

<かぶとA>

- 出来上がり寸法
  横幅9.5cm、高さ9cm
- おりがみ　20×20cm

*A、B、C、とも両面に色があり、片面は金など光沢のあるおりがみで折っています。

1

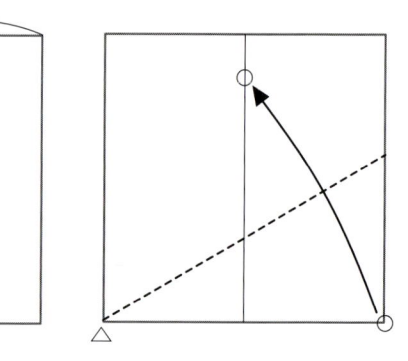

2 △印を軸に〇印を合わせて折る。

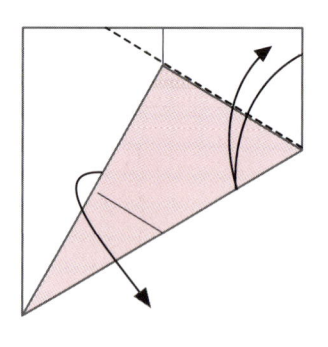

3 折り線をつけて戻す。

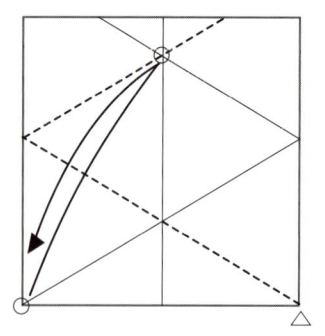

4 △印を軸に〇印を合わせて折り、折り線をつけて戻す。

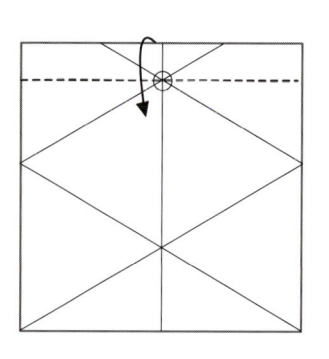

5

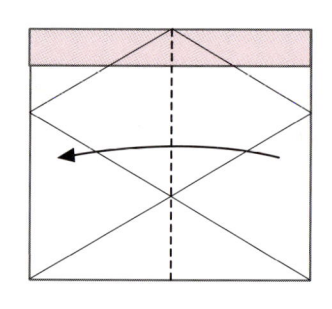

6 半分に折る。

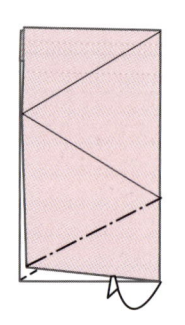

7 中割り折り。

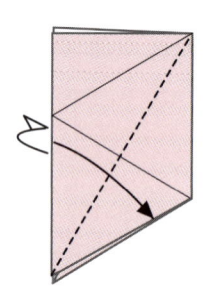

8 辺に合わせて折る。反対側も同様に。

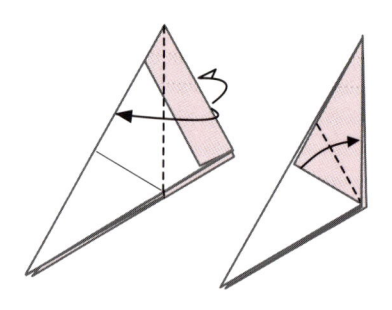

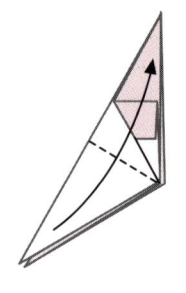

9

10 反対側も同様に。

11 上側のみ折る。

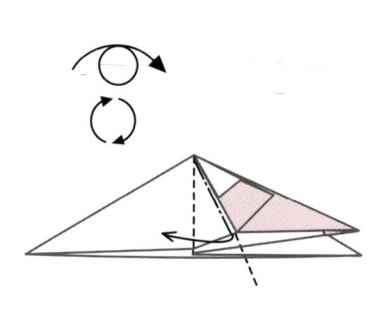

12 ポケットを開いてつぶす。

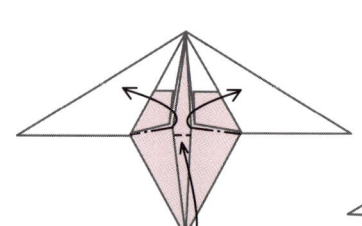

13 左右を開きながら上に折る。

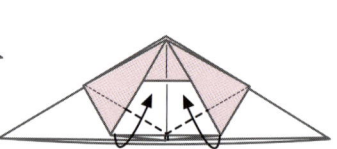

14 上に重なっている内側だけを折る。

14を折り上げたところ。

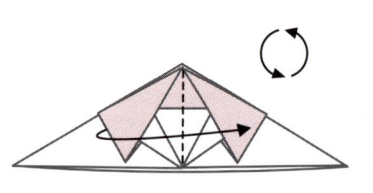

15 上だけを反対側に倒して折る。

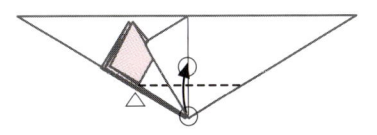

16 △印を軸に○印を合わせて折る。

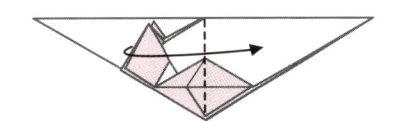

17 上下を反対側に倒して折る。

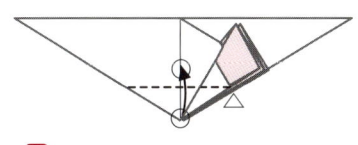

18

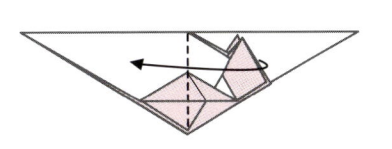

19 上だけを反対側に倒して折る。

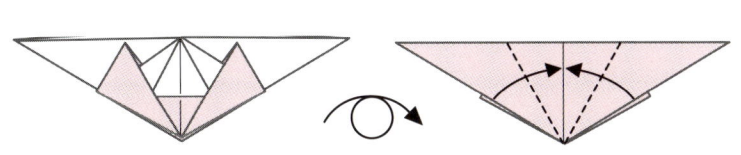

20

21 中心に合わせて折る。

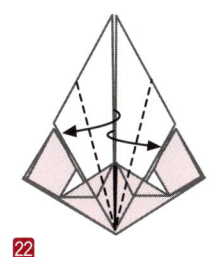

22

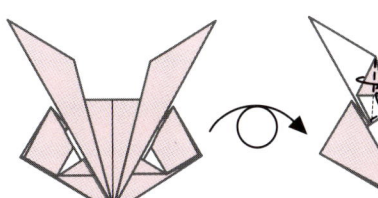

23

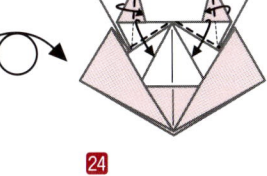

24

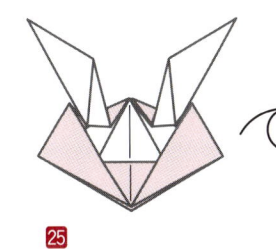

25

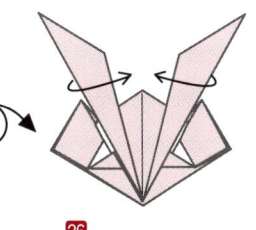

26

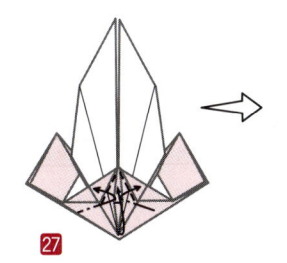

27

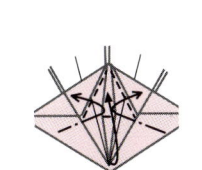

28 左右に開きながら上に折る。27の中央部分。

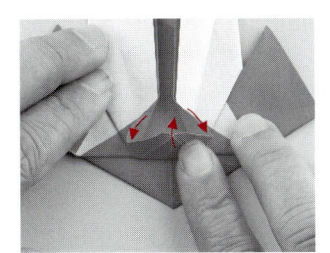

横に開いて上に折り上げる。

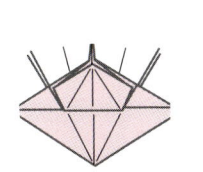

29

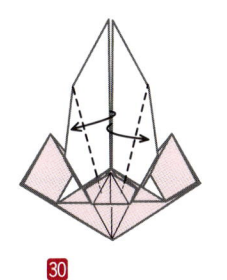

30

31 中を開いて立体的にする。出来上がり。

＜かぶとB＞

←作品14ページ

●出来上がり寸法
　横幅9.5cm，高さ11.5cm
●おりがみ　20×20cm

かぶとAの21からスタート

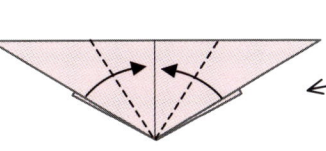

1 中心を少しあけて折る。

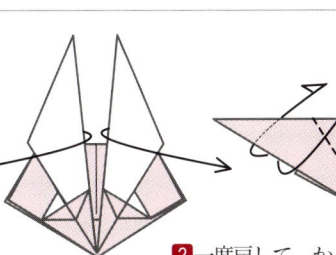

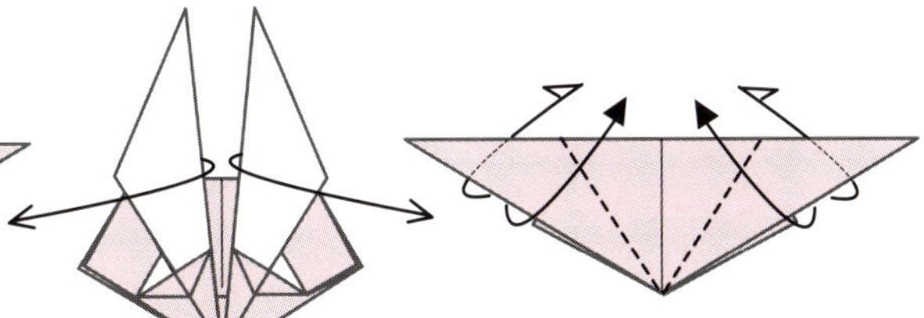

2 一度戻して、かぶせ折り。

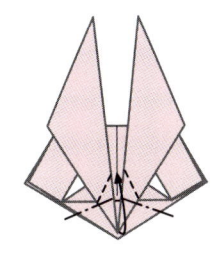

3 Aの28の要領でつばを開く。

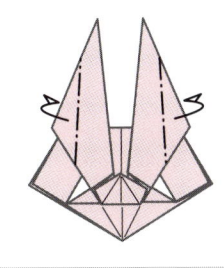

4 中を開いて立体的にし、くわがたをしごいて反りをつける。

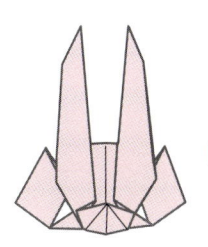

5 出来上がり。

53

＜かぶとC＞

←作品14ページ

- 出来上がり寸法　横幅9.5cm，高さ11.5cm
- おりがみ　20×20cm

かぶとAの21からスタート

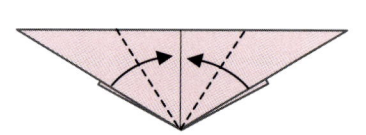

1 中心に合わせて折る。

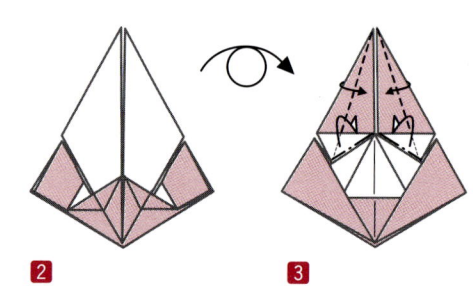

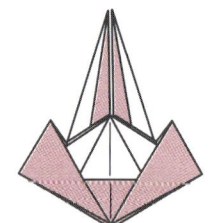

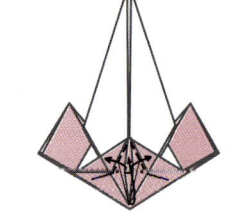

2

3

4

5 Aの28の要領でつばを開く。

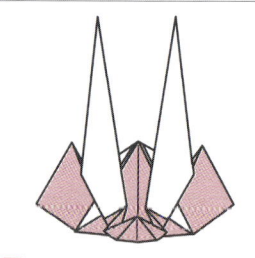

6 中を開いて立体的にし、くわがたをしごいて反りをつける。

7 出来上がり。

＜載せ台＞

- 出来上がり寸法　横幅6cm，高さ5cm
- おりがみ　15×15cm

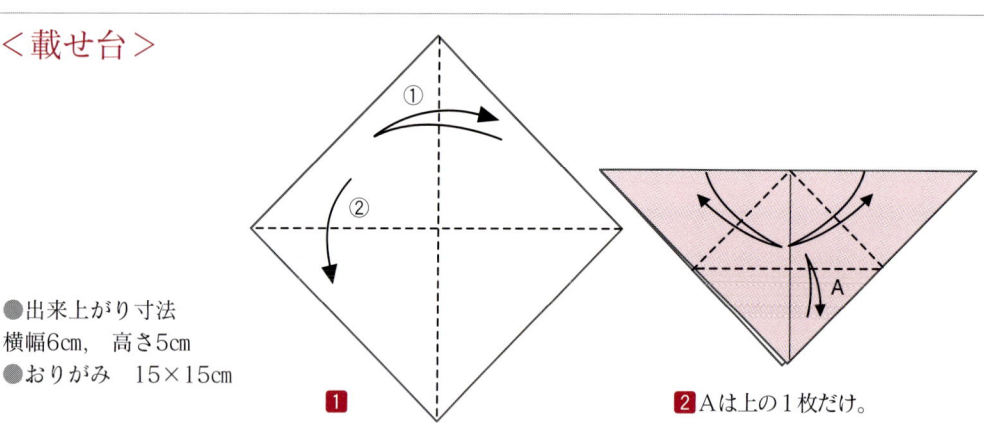

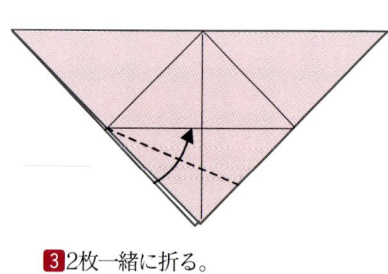

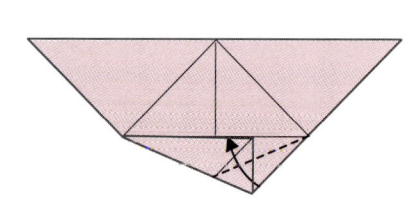

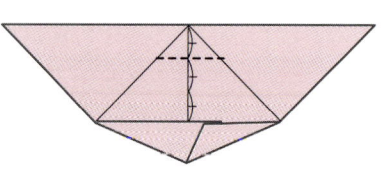

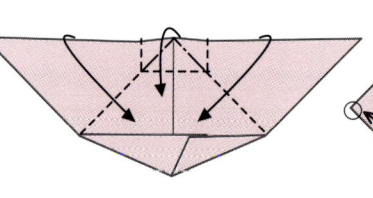

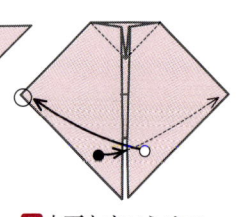

1

2 Aは上の1枚だけ。

3 2枚一緒に折る。

4

5 大体3分の1のところを折る。

6 三角を中に入れて折る。

7 上下をすべらせて重ねる。

右側を上にして重ねる。

反対側が前になる。

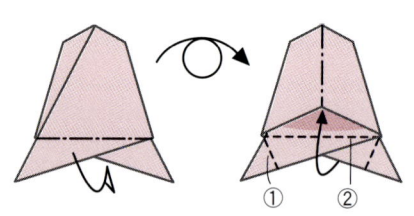

8 中に折り込む。

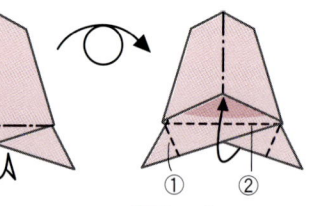

9 ①、②の順に折る。

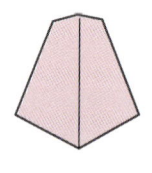

10 出来上がり。

(後ろ)

54

かきつばた（伝承）

←作品15ページ

- 出来上がり寸法　直径10cm、高さ9cm
- おりがみ　25×25cm

＊11ページを参照し、正方形から正六角形を切り出してスタート

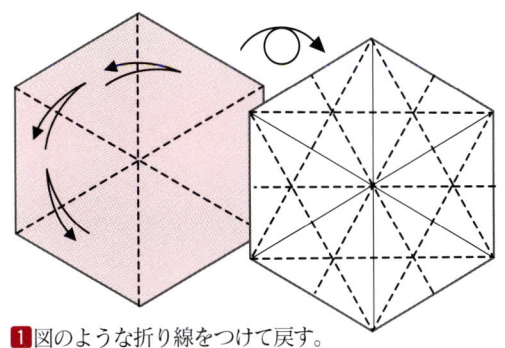

1 図のような折り線をつけて戻す。

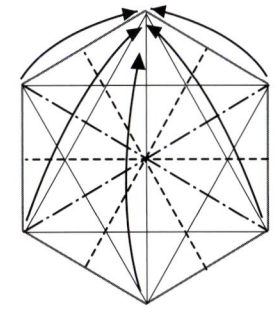

2 折り線どおりにまとめる。

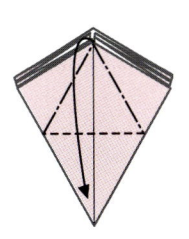

3 5ページ　基本形Bの折り方を参照して折る。

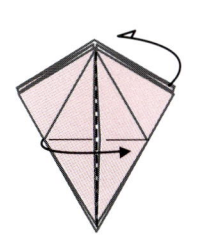

4 開きかえて、他の2か所も同じに折る。

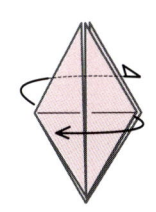

5 開きかえて、割れ目のないところを出す。

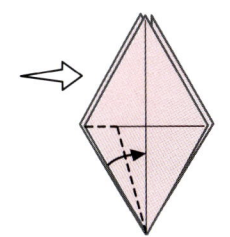

6 上だけを折る。

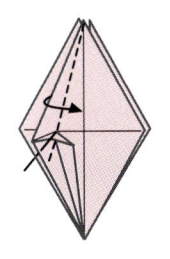

7 角の内側をたたみながら上部を折る。

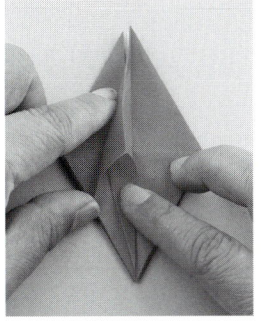

6 7 を連動して折るとスムーズ。

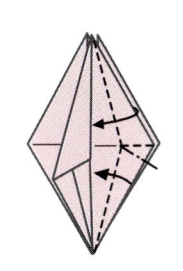

8 右も同様に折る。

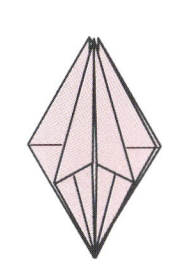

9 あと2か所、同様に折る（合計3か所）。

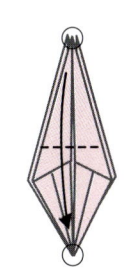

10 角を合わせて折る。

11

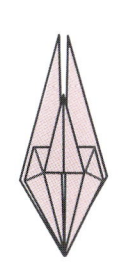

12 開きかえて、あと2か所を同じに折る。

13 開きかえる。

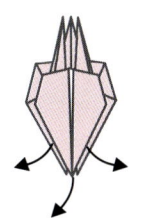

14 花びらを開いて形を整える。

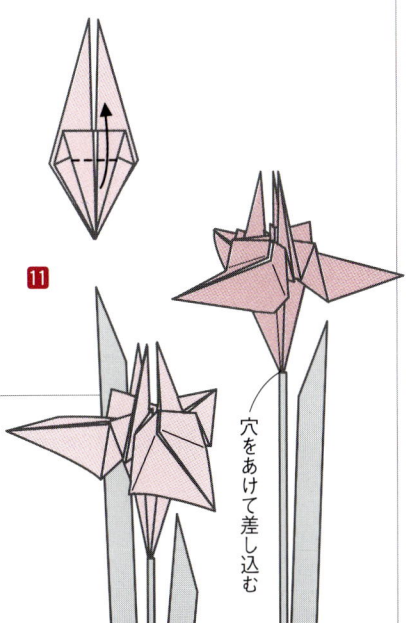

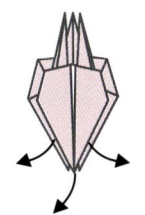

15 出来上がり。

穴をあけて差し込む

茎と葉（参考）

＊自由に工夫してください。

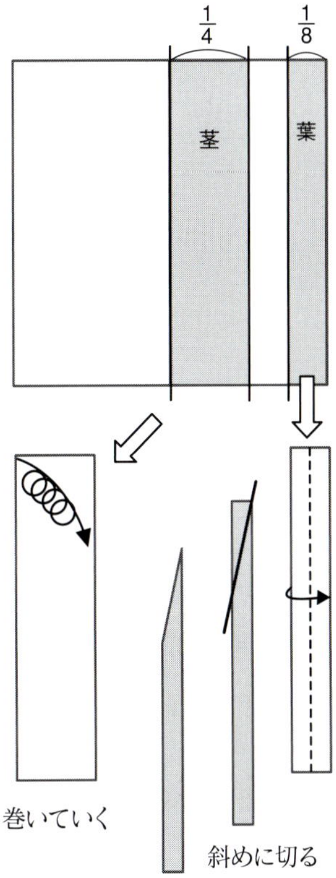

1/4　茎
1/8　葉

巻いていく

斜めに切る

はすの花（伝承）

←作品16ページ

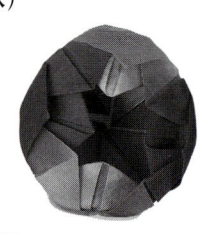

- ●出来上がり寸法　直径5cm
- ●おりがみ　20×20cm

＊折り重なりが多いので、薄く、しかも丈夫な紙で折りましょう。

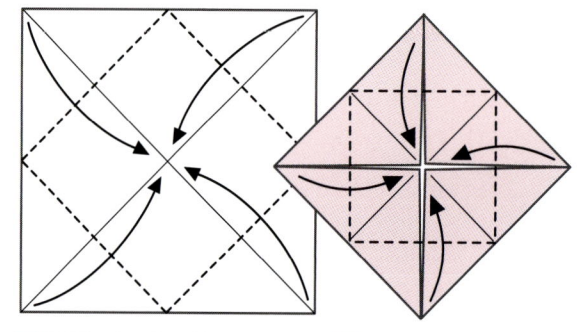

1 1回目の座ぶとん折り。

2 2回目の座ぶとん折り。

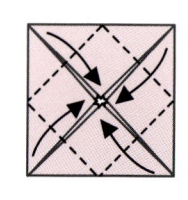

3 3回目の座ぶとん折り。

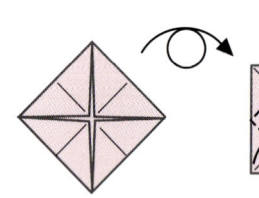

4

5 4回目の座ぶとん折り。

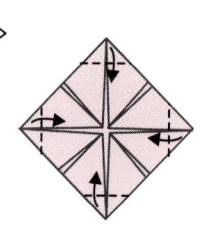

6 4つの角を少し折る。

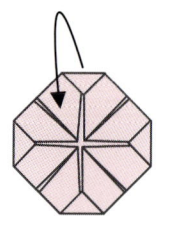

7 内側の角を押さえて後ろの1枚をひっくり返し、花びらを立てる。

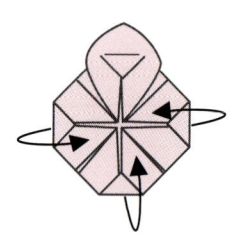

8 あと3か所も同様に立てる。

9 7と同じ要領で後ろの1枚をひっくり返し、花びらを立てる。

10 あと3か所も同様に立てる。

11

12

[横から見た図]

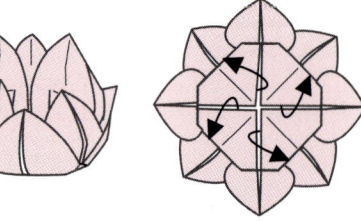

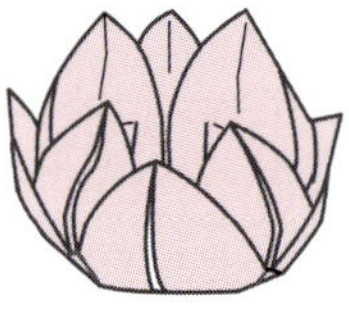

[下から見た図]

13 もう1回 7 8 を繰り返し、花びらを立てる。

[下から見た図]

14

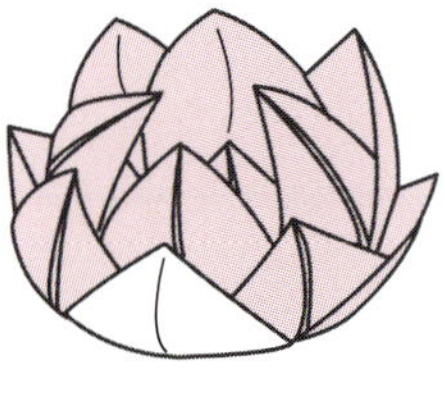

15 出来上がり。

カエル（伝承）

←作品16ページ

- ●出来上がり寸法　体長10cm
- ●おりがみ　20×20cm

5ページ　基本形Dからスタート

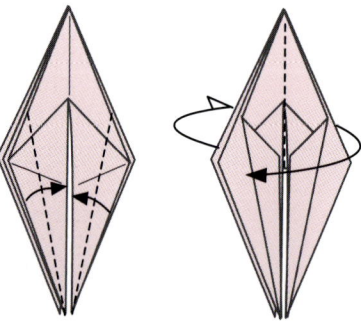

1 反対側も同様に折る。

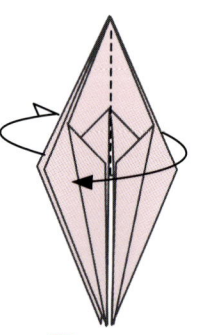

2 開きかえる。

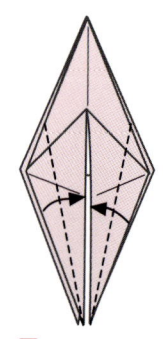

3 あと2か所も 1 と同様に。

4 上の1対を中割り折り。

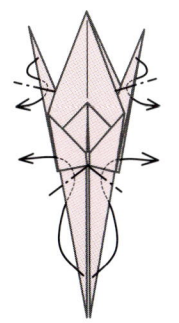

5 下の1対も中割り折り。

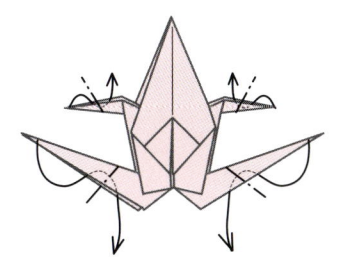

6 上下とも中割り折り。

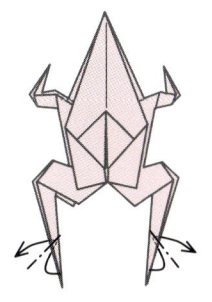

7 後ろ足を中割り折りし、頭を膨らませて形を整える。

ひだを引き出して膨らませる。

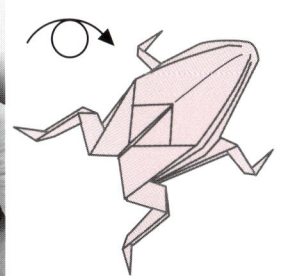

8 出来上がり。

カタツムリ(伝承)

← 作品17ページ

- 出来上がり寸法　体長8cm
- おりがみ　15×15cm

5ページ　基本形Cを上下反対にしてスタート

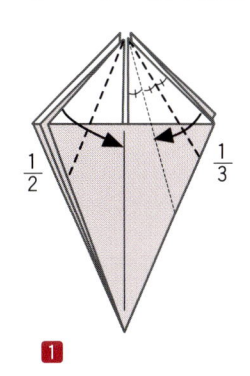

1

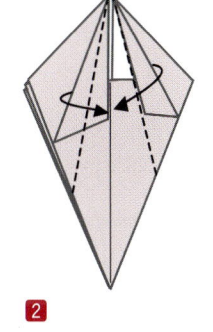

2

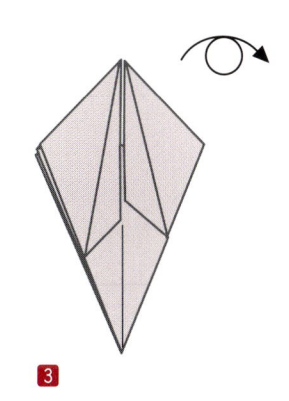

3

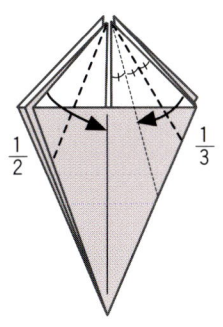

4

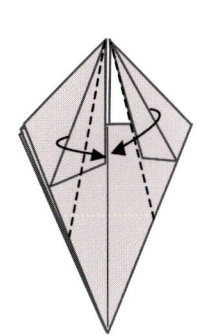

5

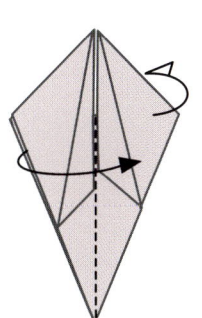

6 開きかえる。

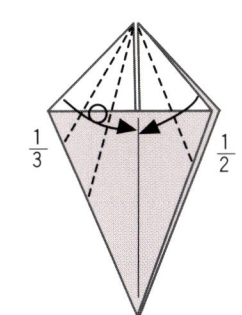

7 後ろも同様に折る。

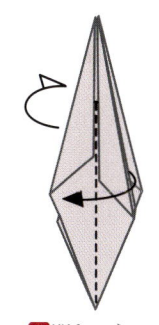

8 開きかえる。

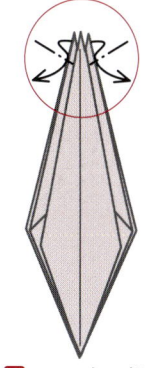

9 つのになる部分を中割り折り。

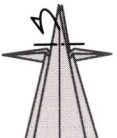

10 間に折る。

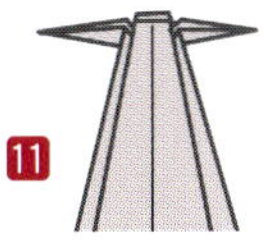

11

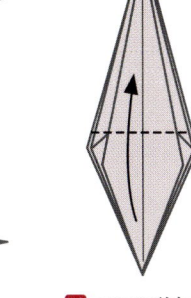

12 つのの形を整え、貝の部分を上に折る。

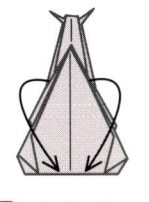

13 貝を膨らませる。

ひだ(貝の部分)を何回かに分けて膨らませる。

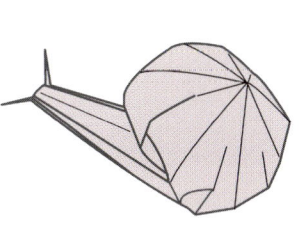

14 出来上がり。

七夕飾り 着物

←作品18ページ

＊伝承を更に発展させた折り方です。

- ●出来上がり寸法　12×11.5㎝
- ●おりがみ　12×42㎝
（横幅の3.5倍が縦の長さ。振り袖は4倍）

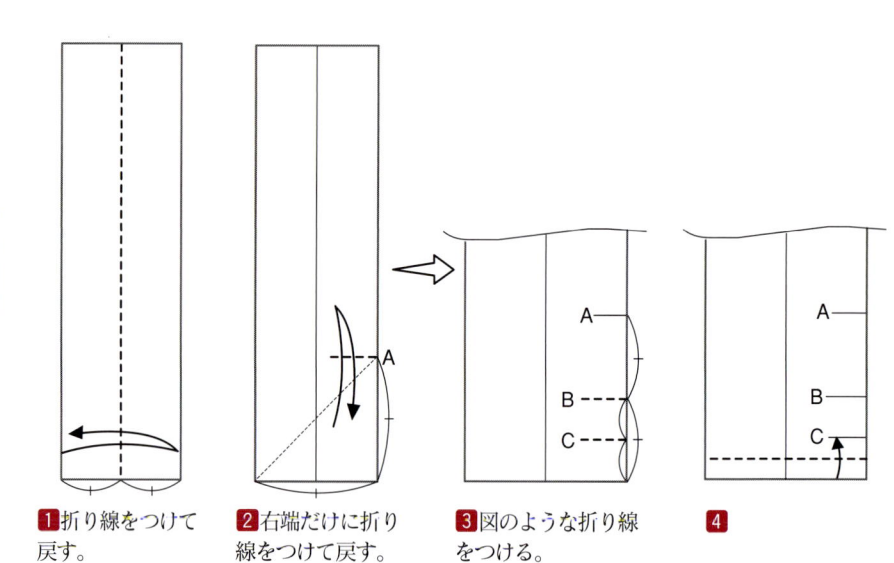

1 折り線をつけて戻す。

2 右端だけに折り線をつけて戻す。

3 図のような折り線をつける。

4

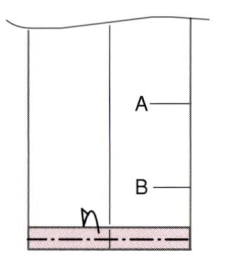

5 内側に折る。

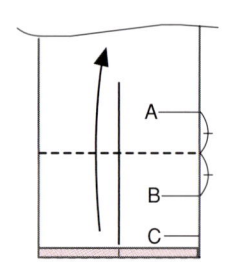

6 AとBの中央で折る。

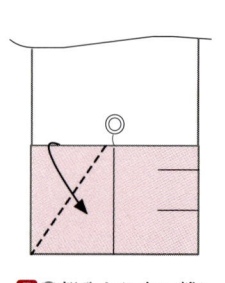

7 ○部分より少し離して折る。

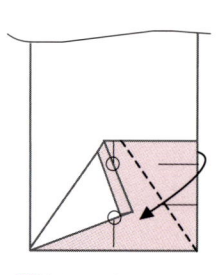

8 ○印のポイントを合わせて折る。

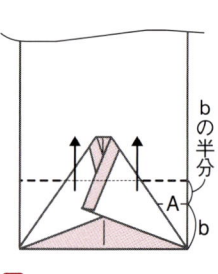

9 引き上げて折る。

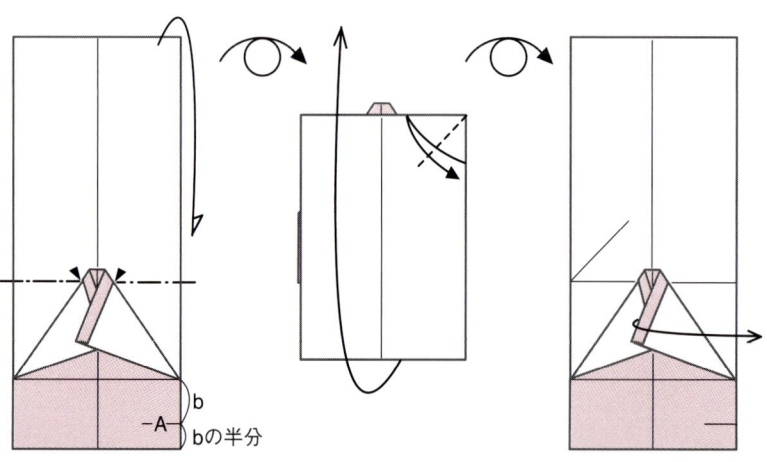

10 後ろの襟のところ（▼印）で向こう側へ折る。

11 角の1枚を片方だけ図の程度折って折り線をつけ、開く。

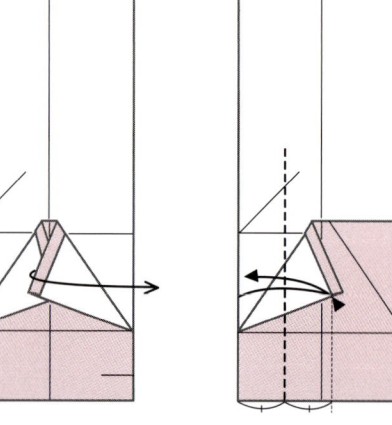

12 開く。

13 折り線をつけて戻す。

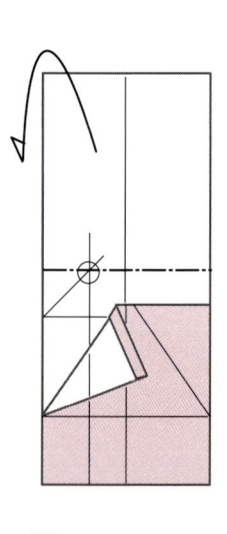

14 ○印の交点で向こう側に折る。

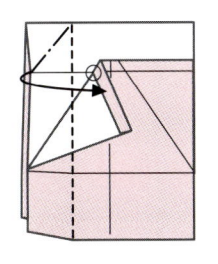

15 上側の1枚を開いて折る。

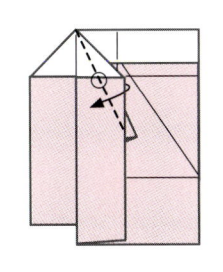

16 15の○印のところで折る。

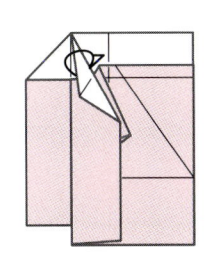

17 内側に折り直す。

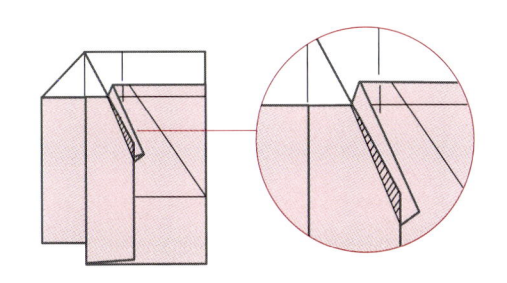

18 斜線部分を襟の下にはさむ。

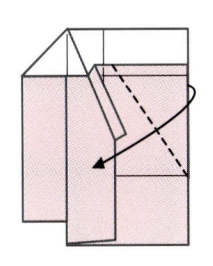

19 上側の1枚のみを折る。

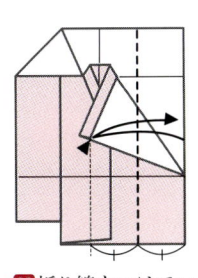

20 折り線をつけていったん戻し、もう一方も15〜18と同様に折る。

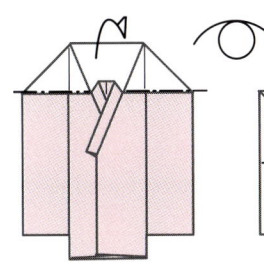

21

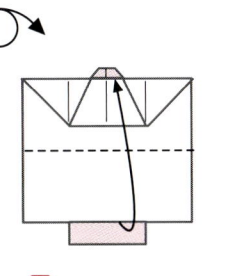

22

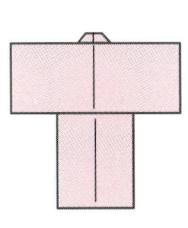

23

24 出来上がり。振り袖は袖の下端を中割り折り。

七夕飾り ダブルスター

←作品18ページ

5ページ　基本形Bからスタート

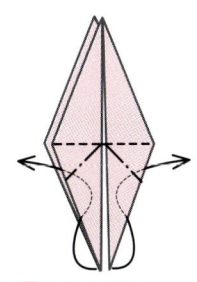

- 出来上がり寸法
  直径(大)10cm　(小)7.5cm
- おりがみ　(大)10×10cm
  (小)7.5×7.5cm　各2枚

1 中割り折り。

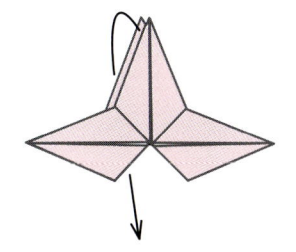

2 後ろを下げる。

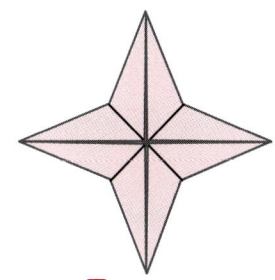

3

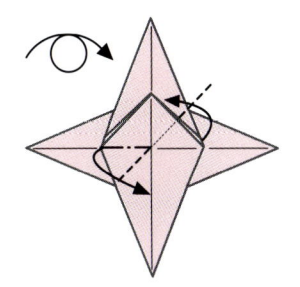

4 中央の三角を十字に立てる。

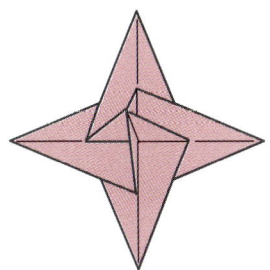

5 同じものをもう1個作る。

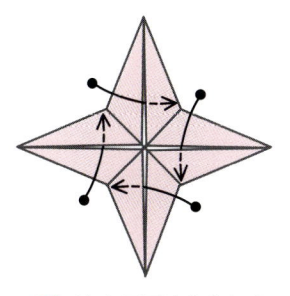

6 平らな面同士を合わせ、浮いている三角部分をもう一方のすき間に差し込む。

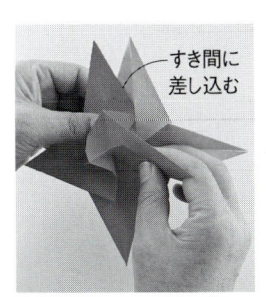

すき間に差し込む

両面とも同様に差し込む。

7 出来上がり。

七夕飾り 菊升のくす玉

←作品18ページ

*伝承の「くす玉」にストッパーをつけて豪華にしました。

- ●出来上がり寸法　直径10.5cm
- ●おりがみ　15×15cm……8枚

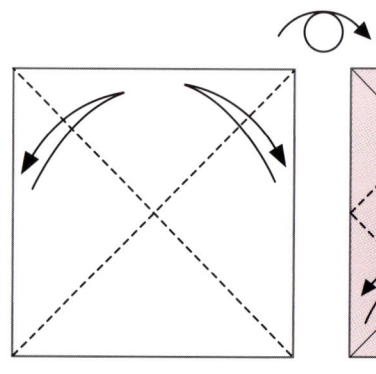

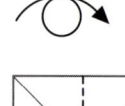

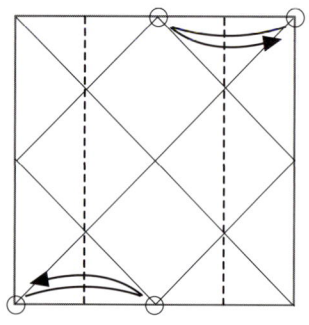

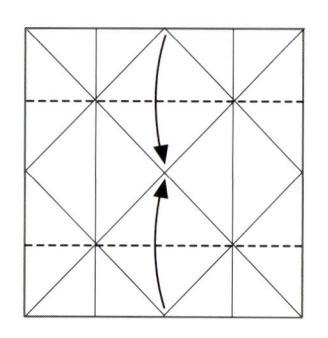

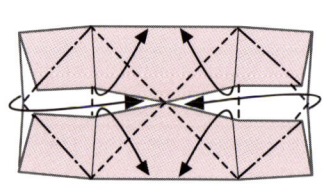

1 折り線をつけて戻す。

2 ○印を合わせて図のような折り線をつけて戻す。

3

4 折り線どおりにまとめる。

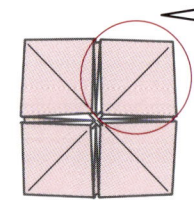

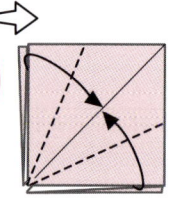

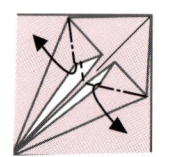

5

6

7 開いてつぶす。

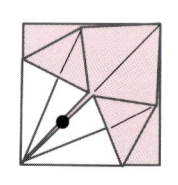

8 ●印がストッパーにはさむ位置。

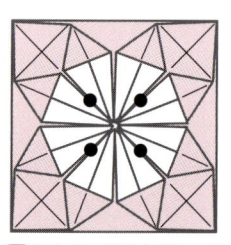

9 あと3か所も同様に折る。本体の出来上がり。

ストッパー

*本体の4分の1の大きさで折ります。

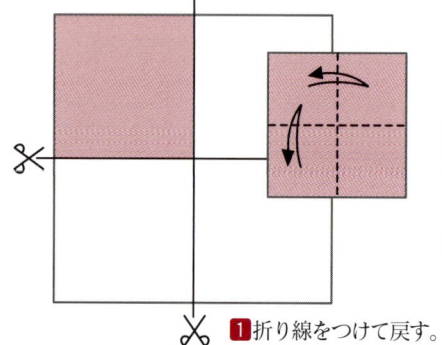

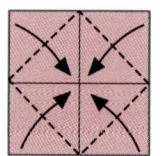

1 折り線をつけて戻す。

2 座ぶとん折り(1回目)。

3 座ぶとん折り(2回目)。

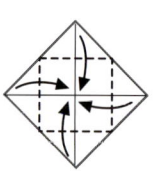

4 3回目の座ぶとん折りをしながら後ろ側を起こす。

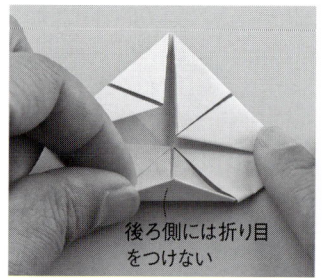

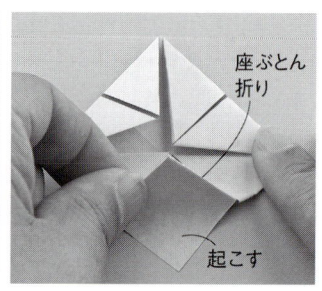

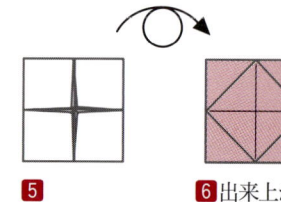

後ろ側には折り目をつけない

座ぶとん折り

起こす

5

6 出来上がり。

ポケット口

60

組み方

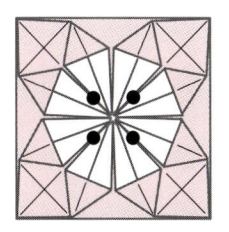

1 本体の●印の先端をストッパーのポケットへ差し込む。

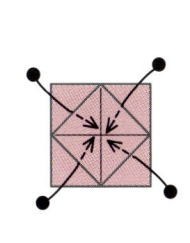

2 四隅を後ろ側へいったん折って戻す。

3 ユニットの出来上がり。6セット作る。

4 ③の斜線部分にのりをつけてはり合わせ、球状にする。

のり

くす玉の房

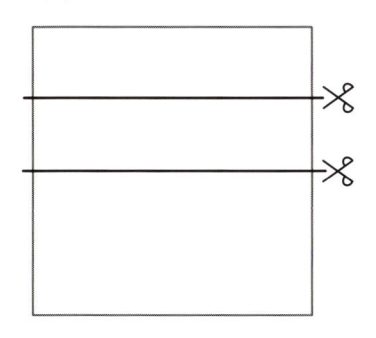

折り紙を好みの幅に切り、何枚か重ね合わせて切り込みを入れ、上下に伸ばす。

厚紙は、くす玉の穴より大きく丸く切り、中央に糸を通す穴をあける。

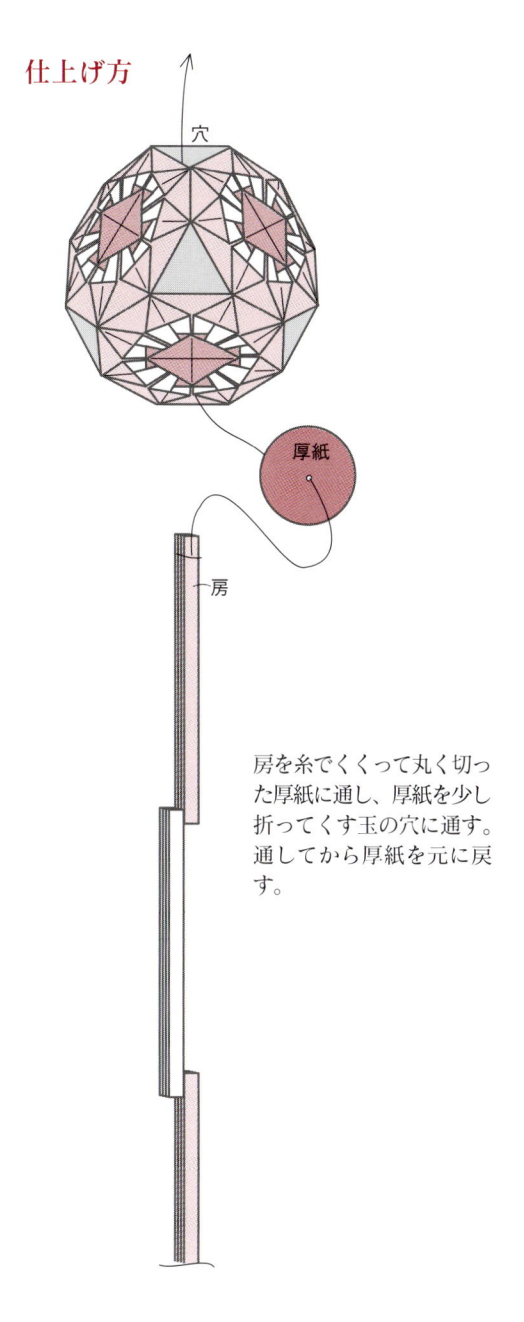

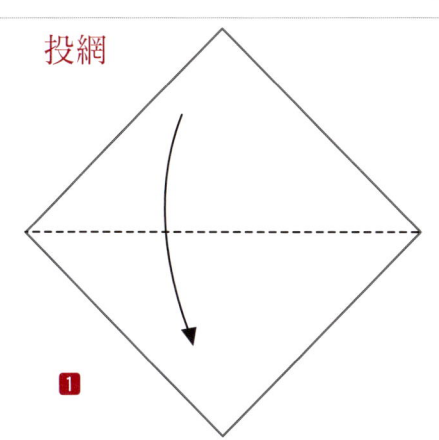

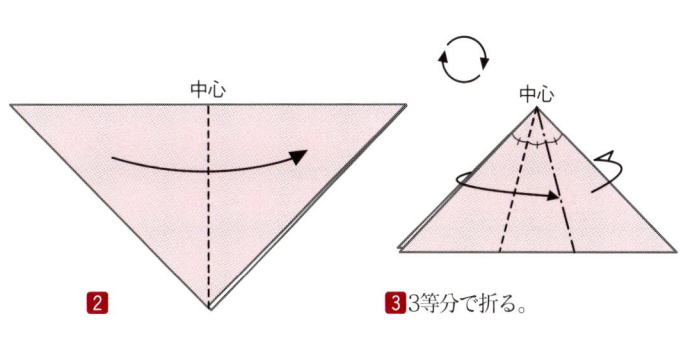

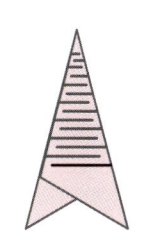

仕上げ方

穴

厚紙

房

房を糸でくくって丸く切った厚紙に通し、厚紙を少し折ってくす玉の穴に通す。通してから厚紙を元に戻す。

投網

1

2 中心

3 3等分で折る。 中心

4 互い違いに切り込みを入れ、開いて伸ばす。

金魚

←作品24ページ

- ●出来上がり寸法
  体長(大) 12.5cm （小) 10cm
- ●おりがみ
  （大) 20×20cm （小) 15×15cm

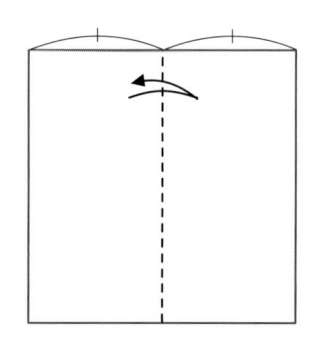

1 折り線をつけて戻す。

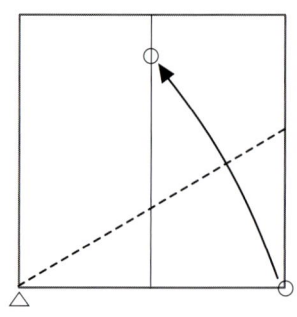

2 △印を軸に○印を合わせて折る。

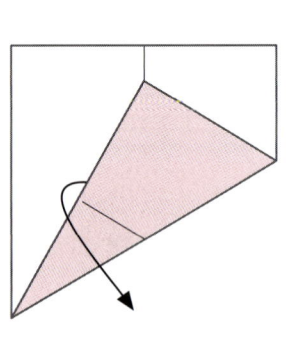

3 戻す。

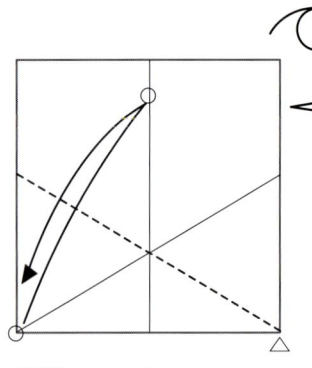

4 2と同様に折る。

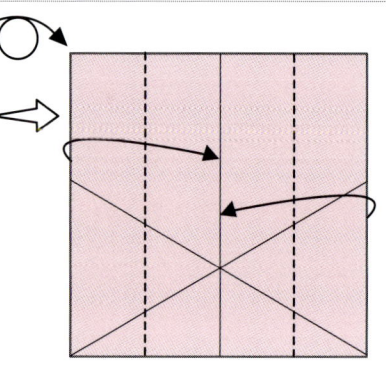

5

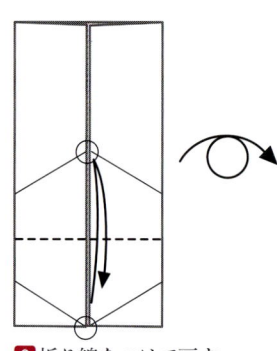

6 折り線をつけて戻す。

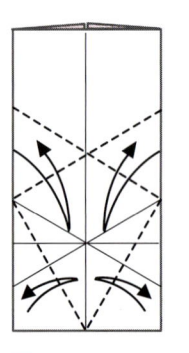

7 折り線をつけて戻す。

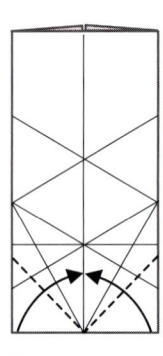

8

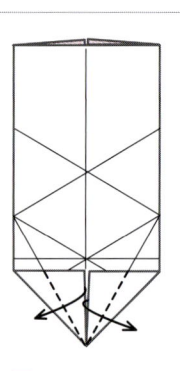

9

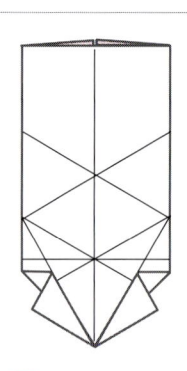

10 すべて開く。

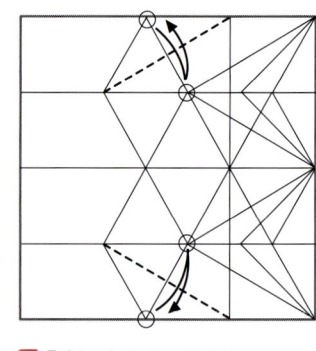

11 ○印に合わせて折り線をつけて戻す。

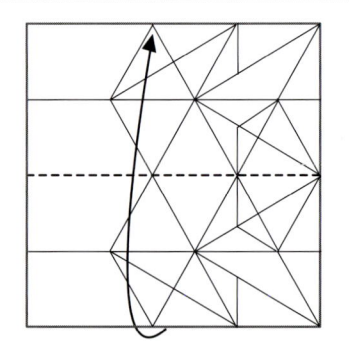

12 半分に折る。

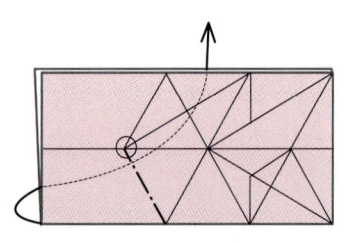

13 ○印まで中割り折り。

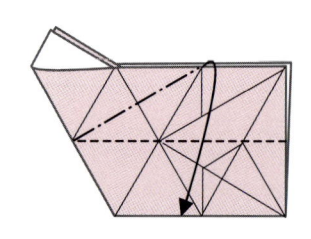

14

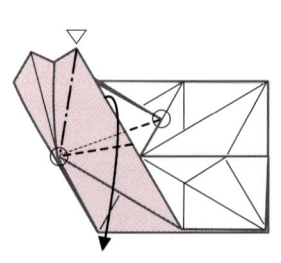

15 △印と○印を結ぶ線に折り目をつけて、矢印のように折る。

山折り線

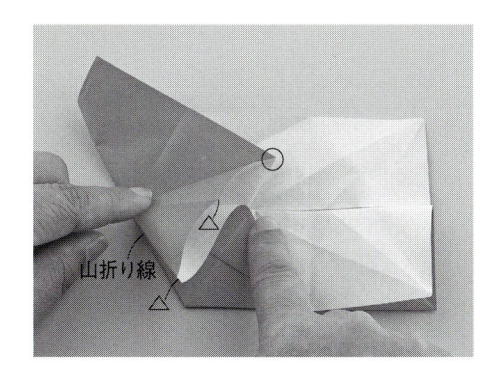

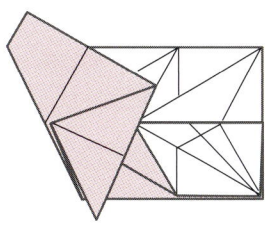

16 **15** の折り上がり。反対側も同じように折る。

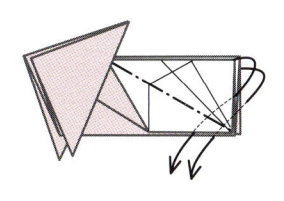

17 ついている線で両側とも中割り折り。

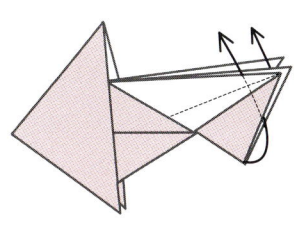

18 両側とも中割り折り。

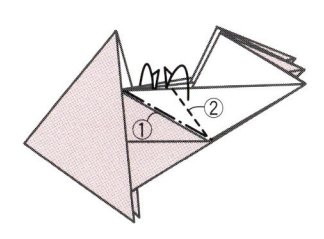

19 ついている①（山線）と②（谷線）で内側に段に折り、押し込む。

山線と谷線をしっかりつけ直す。

尾のつけ根をしっかり持って頭の方へぐっと押し込む。

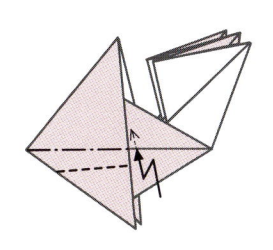

20 中に折り込むと自然にひれが下りる。反対側も同様に折る。

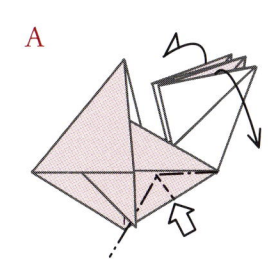

A

21 尾を開き、おなかをつぶして立体化する。

尾の中央部分をつまんで左右に大きく開く。

おなかの中央を押し上げてつぶす。

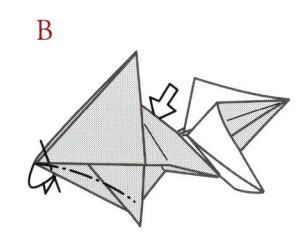

B

22 口先を下に折り込んで、胸にカーブをつけ、背中を開いて全体をふっくらさせる。

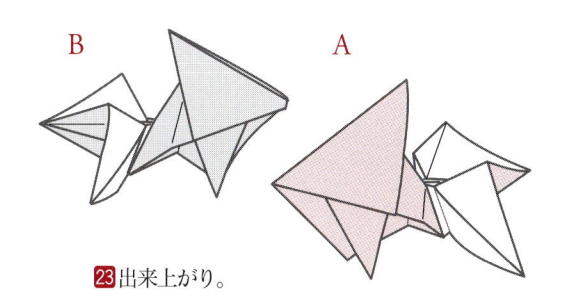

B　　　A

23 出来上がり。

オウム貝

←作品26ページ

*はじめに横に折る折り幅で、巻く回数が変わります。

*12回巻き

- 作品26ページ
- 出来上がり寸法　16cm
- おりがみ　25×25cm

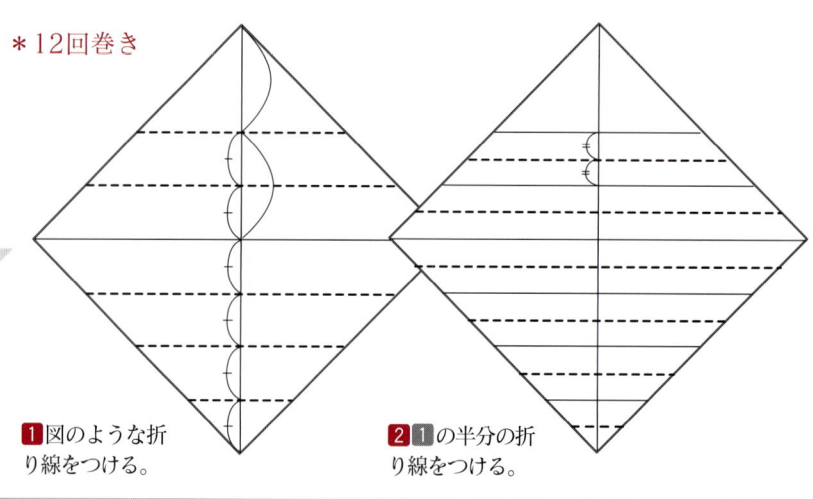

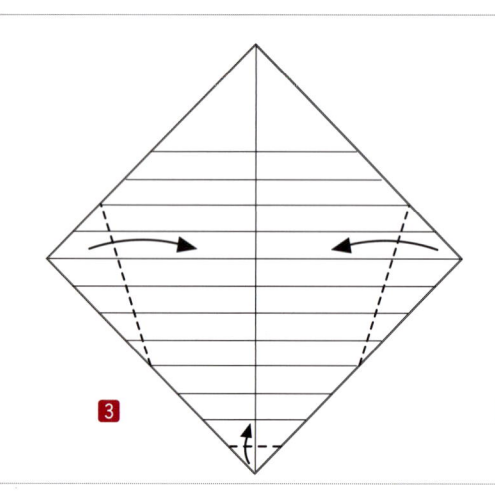

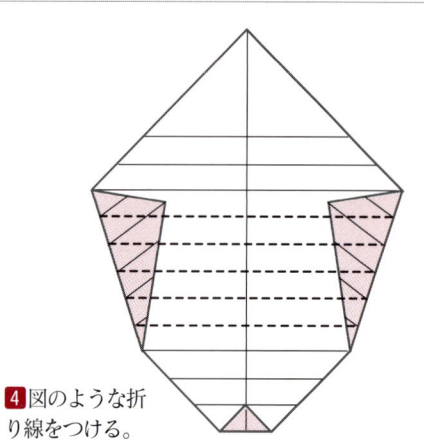

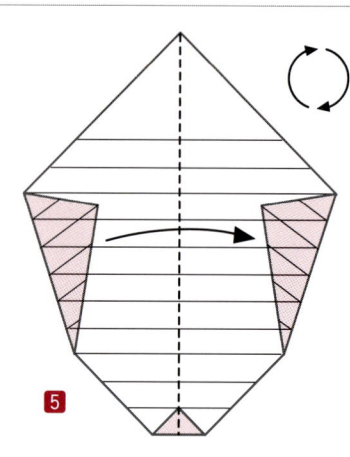

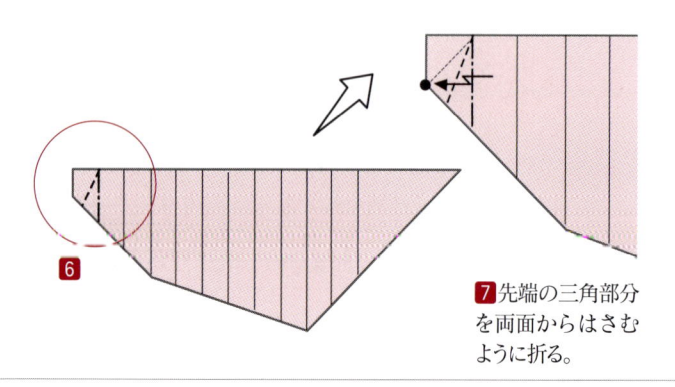

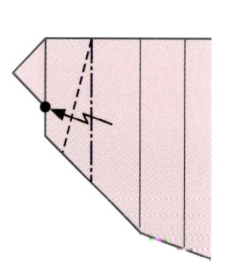

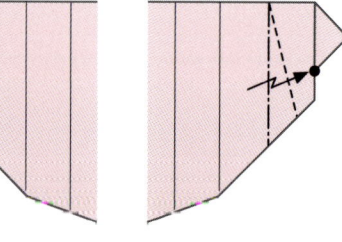

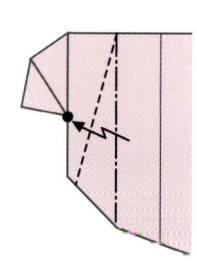

1 図のような折り線をつける。

2 1の半分の折り線をつける。

3

4 図のような折り線をつける。

5

6

7 先端の三角部分を両面からはさむように折る。

8 上側1枚を●印に山折り線を合わせて折る。

8の反対側　残った1枚で同様に折る。

9 8と同様に折る。

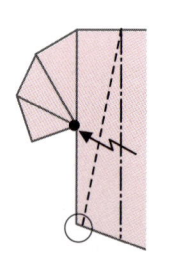

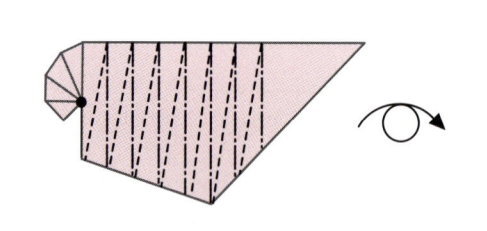

10 8と同様に折る。

11 常に折り山線が●印に合うように折る。

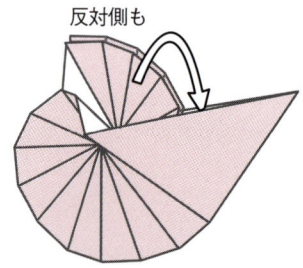

反対側も

12 内側に出てきた余分を折り込む。

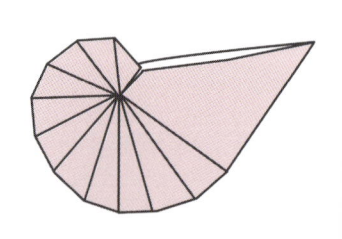

13 出来上がり。

＊18回巻き

1 図のような折り線をつける。

2 図のような折り線をつける。

3 2の半分の折り線をつける。

4 3の半分の折り線をつける。

5 以後、12回巻きの4からと同じ要領で折る。

6 出来上がり。

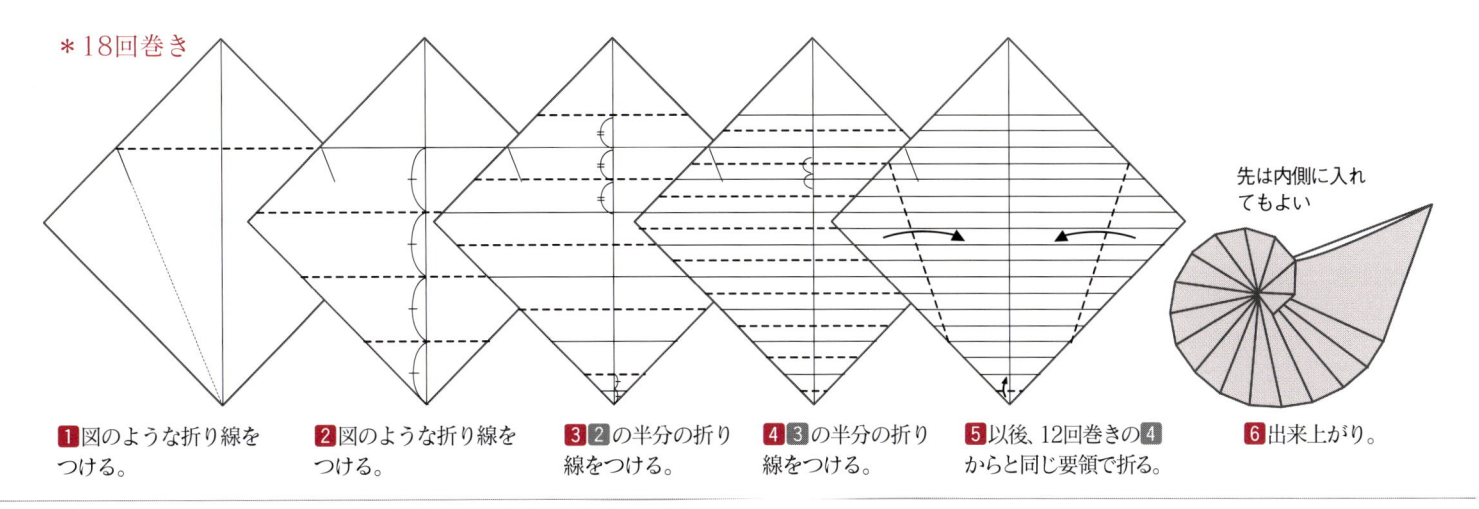

先は内側に入れてもよい

ヒオウギ貝

←作品27ページ

- 出来上がり寸法
  （大）横7.5cm、縦6cm（小）横5cm、縦4cm
- おりがみ（大）12×12cm（小）8×8cm

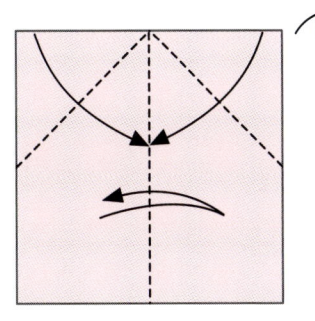

1

2 谷線を折りながら後ろ側を起こす

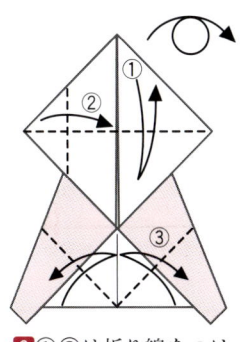

3 ①③は折り線をつけて戻す。②は折ったまま。

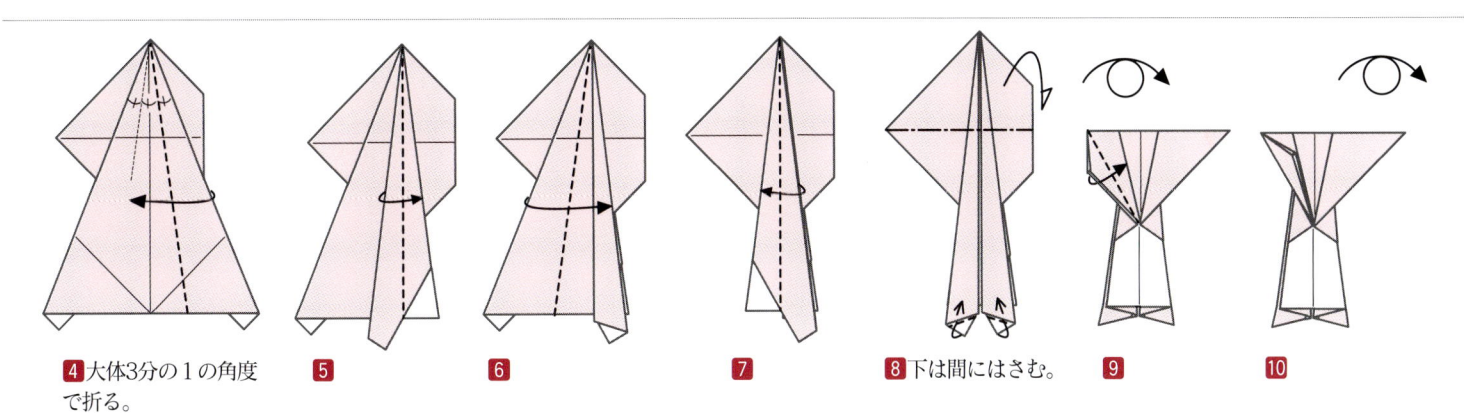

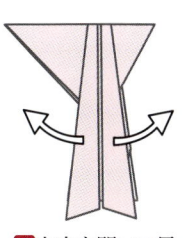

4 大体3分の1の角度で折る。

5

6

7

8 下は間にはさむ。

9

10

11 左右を開いて貝を膨らませる。

ひだを左右に開いて裏側から押し上げて膨らませる。

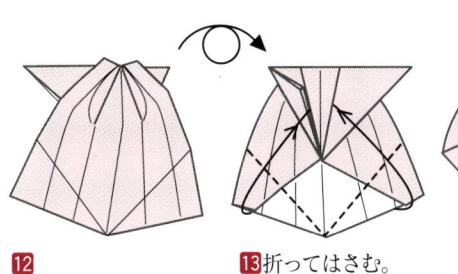

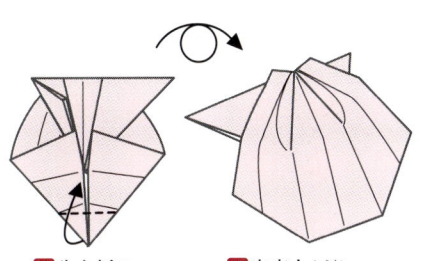

12

13 折ってはさむ。

14 先を折る。

15 出来上がり。

ウサギ

← 作品28ページ

＊後ろ足で立っているウサギです

- ●出来上がり寸法　体長8〜10㎝（耳の長さによる）
- ●おりがみ　15×15㎝

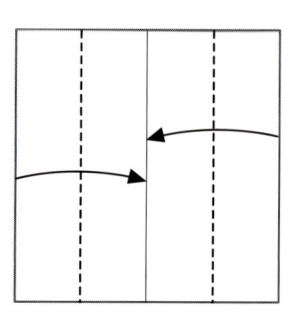

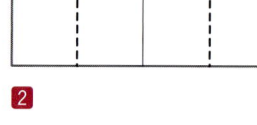

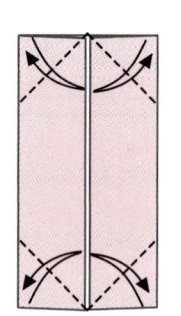

1 折り線をつけて戻す。

2

3 折り線をつけて戻す。

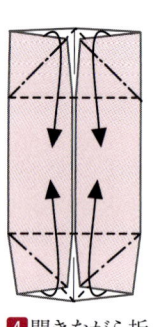

4 開きながら折る。

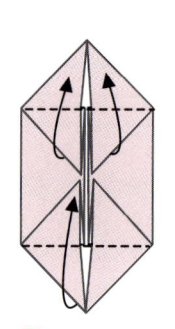

5

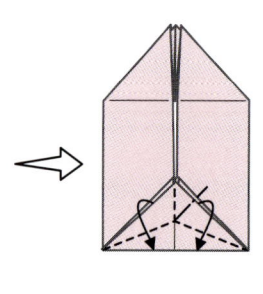

6 上側のみ、へりを合わせて折り、三角をつまんで倒す。

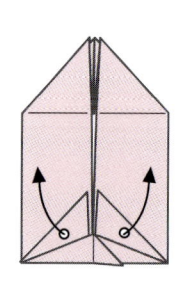

7 ○印を持ち、折り目をはずして引き上げる。

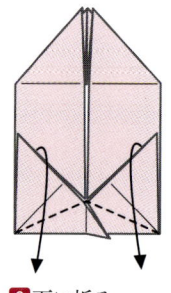

8 下に折る。

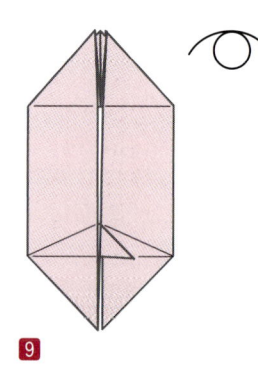

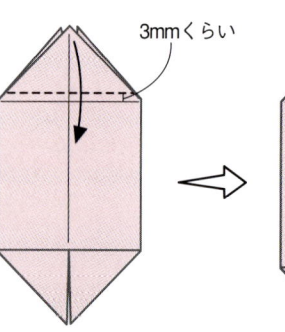

9

10 3mmくらいあけて折る。

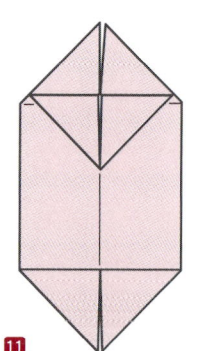

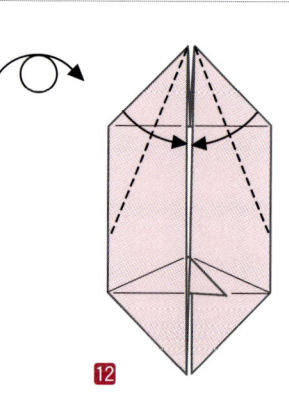

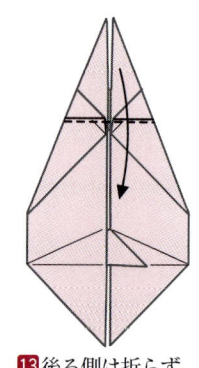

11

12

13 後ろ側は折らずに起こす。

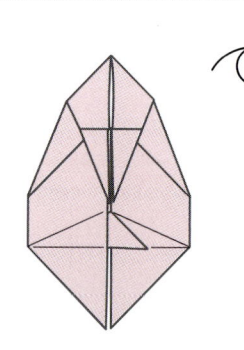

14

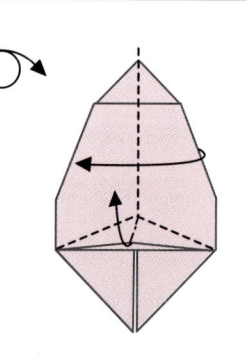

15 上側1枚を上げながら縦半分に折る。

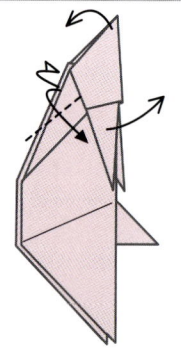

16 耳を引き上げながら折る。

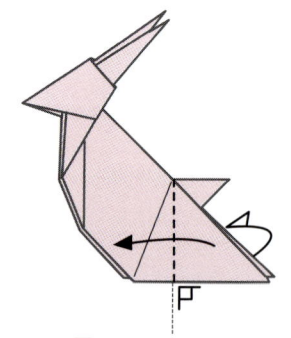

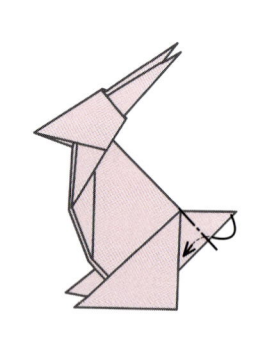

17

18 中割り折り。

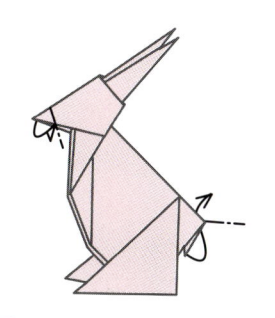

19 尾をもう1度中割り折り、鼻の先を内側へ折る。

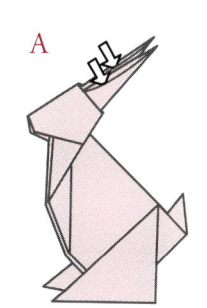

20 耳を開く。

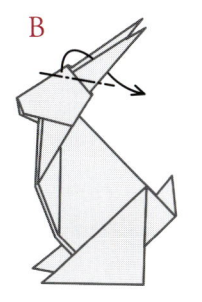

A

B 耳のつけ根から中割り折り。

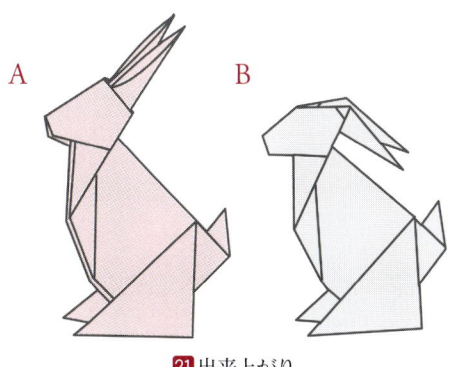

21 出来上がり。

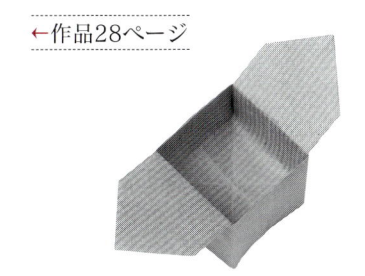

三方（伝承）

← 作品28ページ

- 出来上がり寸法　高さ約4cm
- おりがみ　15×15cm

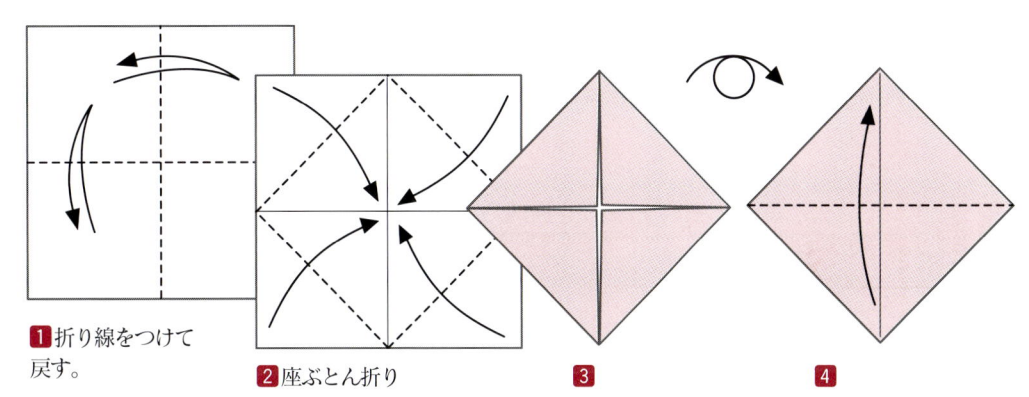

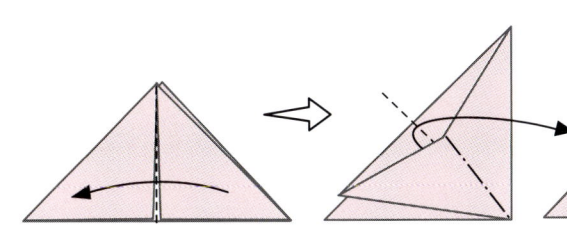

1 折り線をつけて戻す。

2 座ぶとん折り

3

4

5

6 ポケットに指を入れ、開いてつぶす。

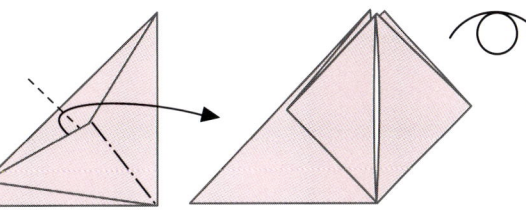

7

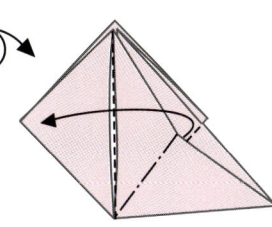

8 6と同様に折る。

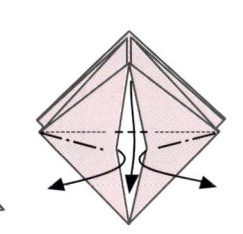

9 左右を開きながら上側を折り下げる。

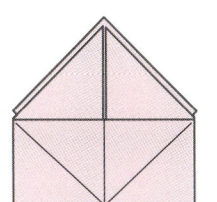

10 後ろ側も同じ。

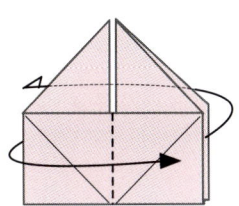

11 開きかえる。

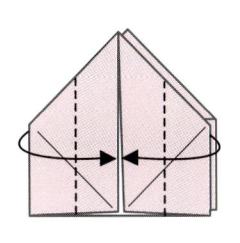

12 前、後ろとも同様に折る。

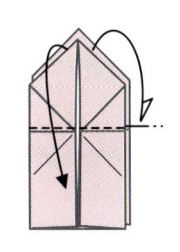

13 開く。

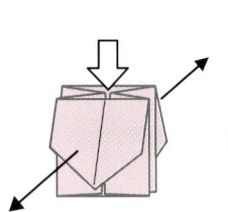

14 取っ手を水平にして中を開く。

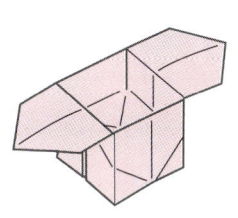

15 出来上がり。

67

柿の実

←作品34ページ

5ページ　A正方基本形を上下反対にしてスタート

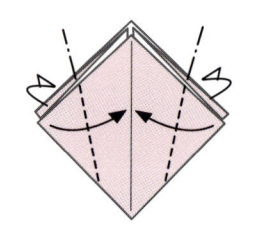

- 出来上がり寸法　直径7㎝
- おりがみ　15×15㎝

＊表裏の色が、それぞれ柿の実と葉の色になっているおりがみで折りましょう。

1 斜めに折る。

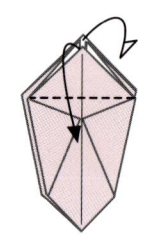

2 上側の1枚ずつを折る。

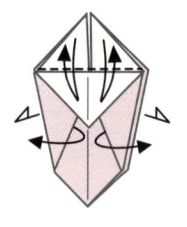

3 折り線をつけたら元に戻す。

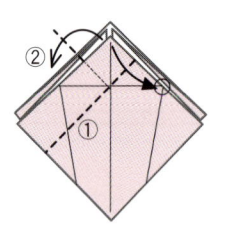

4 ①、②の順に折る。

①の折り線を押さえながら②を折る。

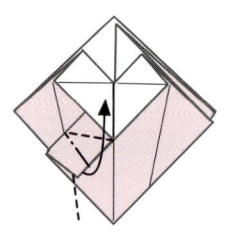

5

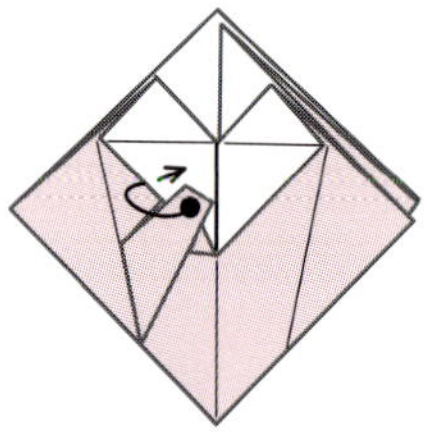

6 先端を中にしまう。

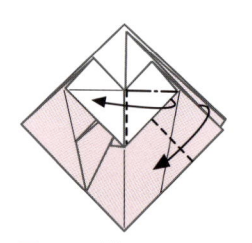

7 右側を4と同様に折る。

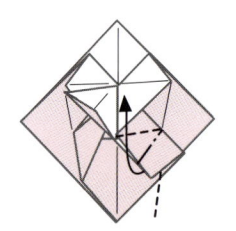

8 5と同じ要領で折る。

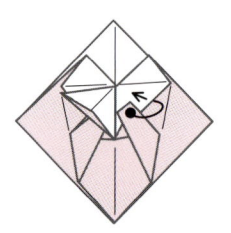

9 先端を中にしまう。

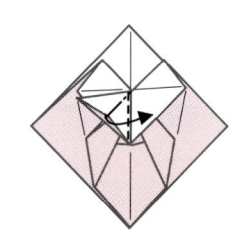

10 中央の三角を開いてつぶす。

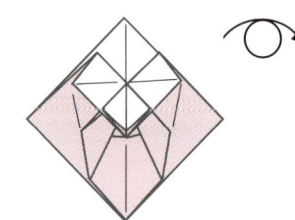

11

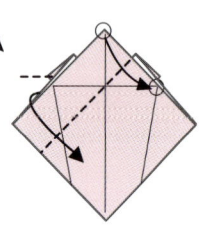

12 4と同様に折る。

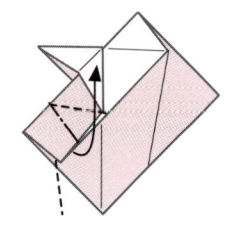

13 5 6と同様に折り、右側も7～9と同様に折る。

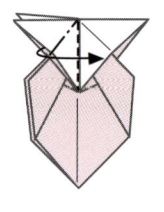

14 10と同様に折る。

15 中割り折り。

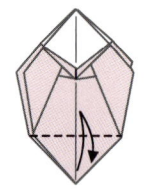

16 軽く折り線をつける。

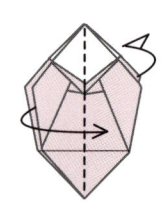

17 開いて十字に立てる。

18 両手で持って左右に引きながら膨らませる。息を吹き込んでもよい。

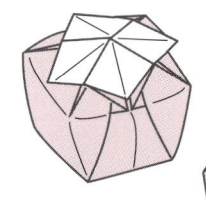

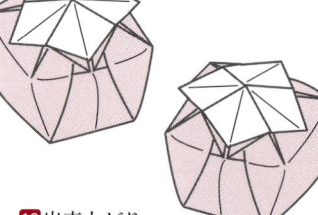

19 出来上がり。

いちょう

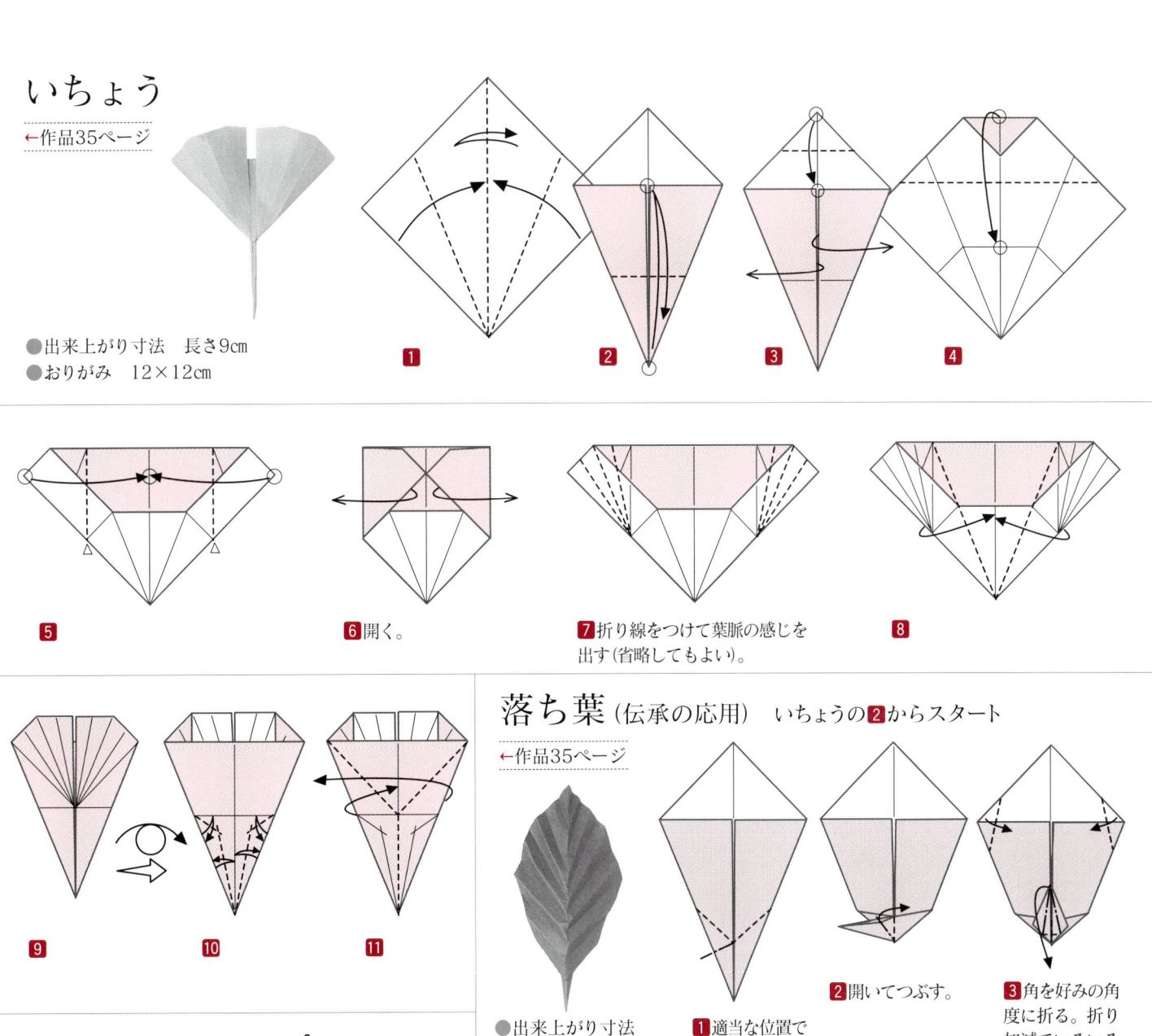

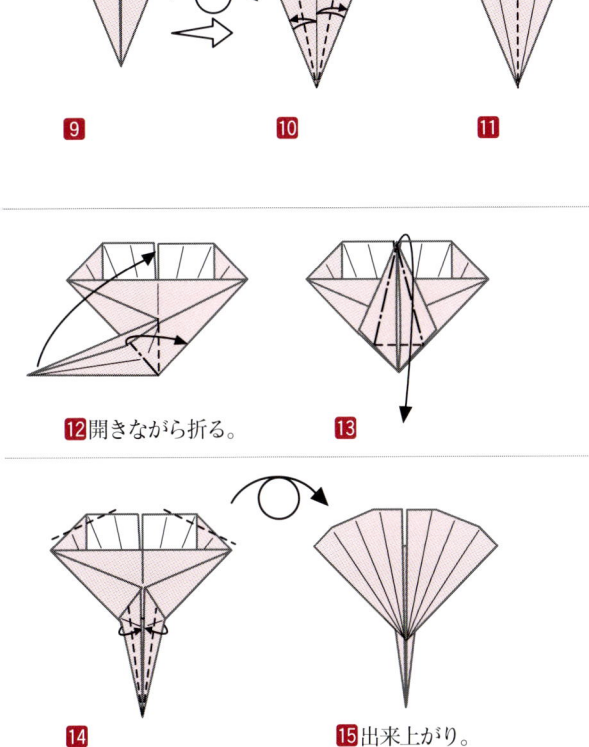

← 作品35ページ

- 出来上がり寸法　長さ9cm
- おりがみ　12×12cm

1
2
3
4
5
6 開く。
7 折り線をつけて葉脈の感じを出す(省略してもよい)。
8
9
10
11
12 開きながら折る。
13
14
15 出来上がり。

落ち葉 (伝承の応用)　いちょうの2からスタート

← 作品35ページ

- 出来上がり寸法　長さ14cm
- おりがみ　12×12cm

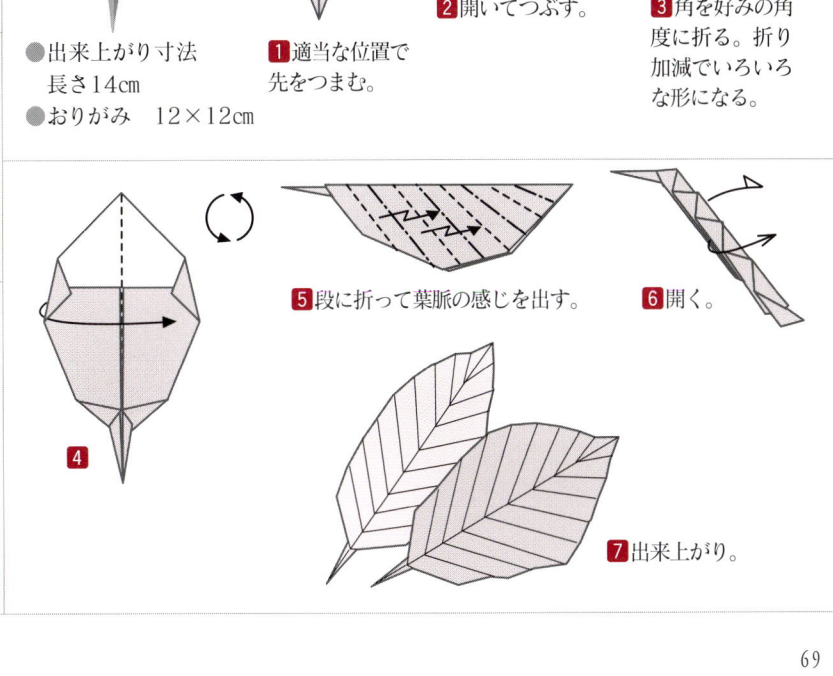

1 適当な位置で先をつまむ。
2 開いてつぶす。
3 角を好みの角度に折る。折り加減でいろいろな形になる。
4
5 段に折って葉脈の感じを出す。
6 開く。
7 出来上がり。

リス

←作品36ページ

- ●出来上がり寸法
  体長7cm、尾の長さ11.5cm
- ●おりがみ　25×25cm

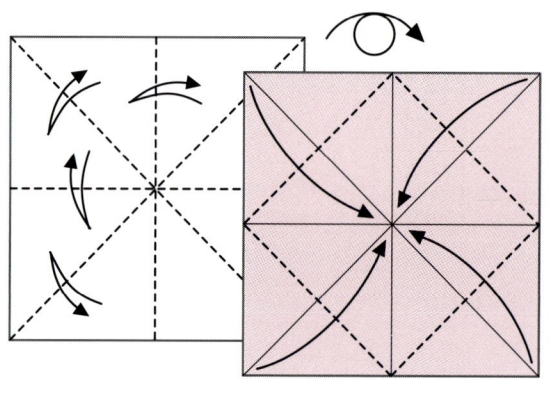

1 折り線をつけて戻す。

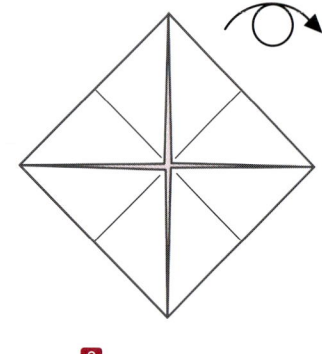

2 座ぶとん折り。

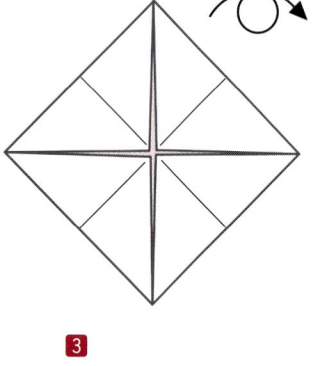

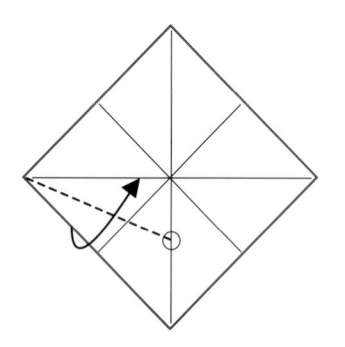

3

4 裏側を起こしながら○印までを折る。

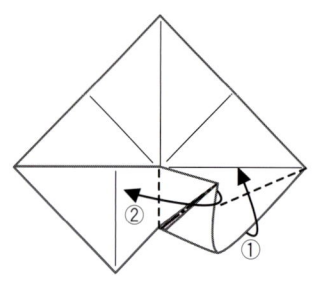

5 ①の裏側を起こしながら②の方向に向けて谷線を折る。

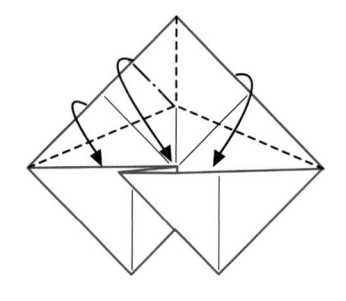

6 もう一方も4 5と同様に折る。

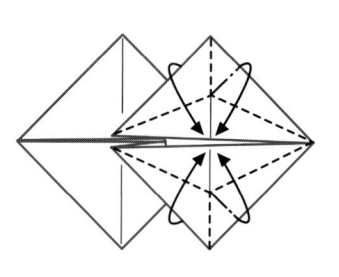

7 折り線どおりにまとめ、8の形にする。

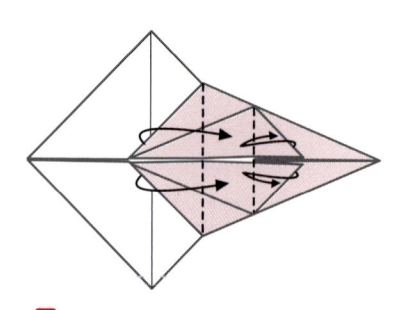

8

9

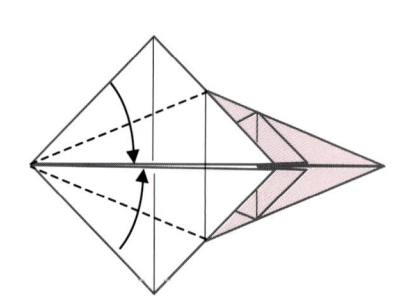

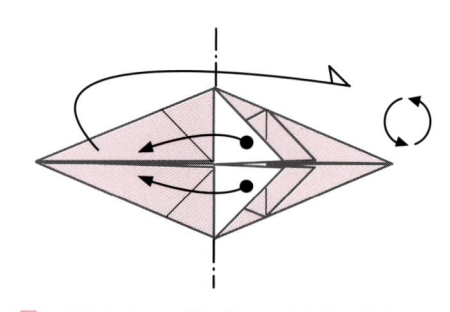

10 左半分を向こう側に折り、●印部分を起こす。

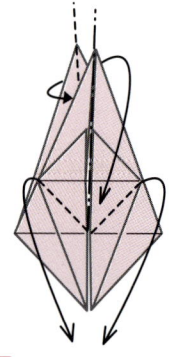

11 中を割って半分に折る。

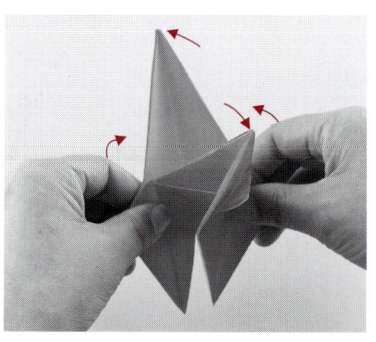

途中の形。先端を前後に開き、両端を押しつぶすように半分に折る。

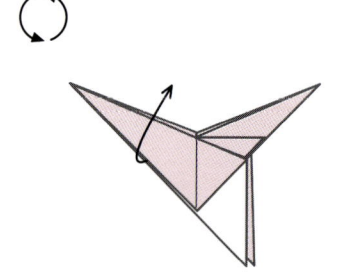

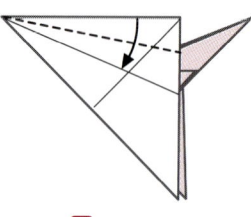

12

13

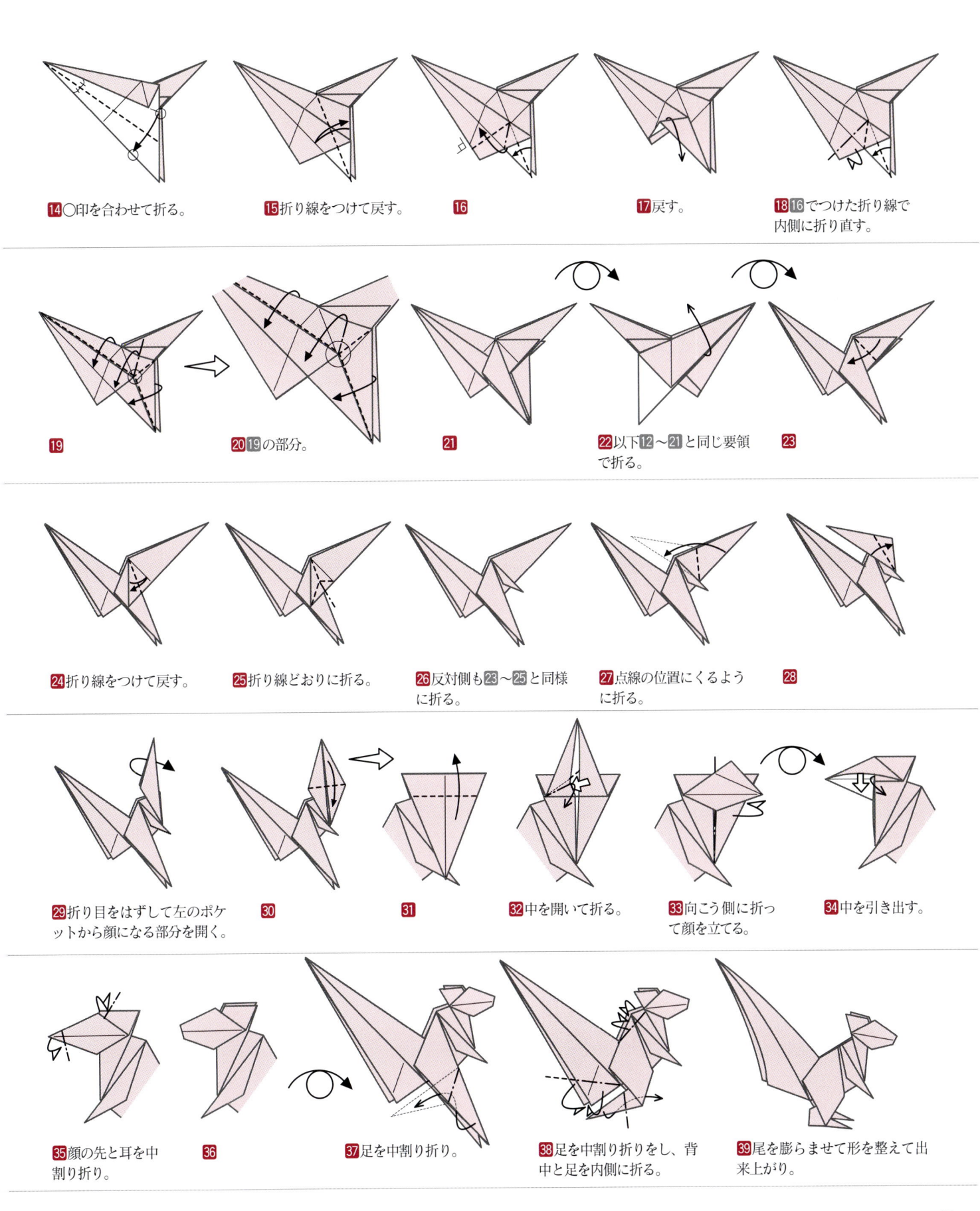

14 ○印を合わせて折る。　15 折り線をつけて戻す。　16　17 戻す。　18 16でつけた折り線で内側に折り直す。

19　20 19の部分。　21　22 以下12〜21と同じ要領で折る。　23

24 折り線をつけて戻す。　25 折り線どおりに折る。　26 反対側も23〜25と同様に折る。　27 点線の位置にくるように折る。　28

29 折り目をはずして左のポケットから顔になる部分を開く。　30　31　32 中を開いて折る。　33 向こう側に折って顔を立てる。　34 中を引き出す。

35 顔の先と耳を中割り折り。　36　37 足を中割り折り。　38 足を中割り折りをし、背中と足を内側に折る。　39 尾を膨らませて形を整えて出来上がり。

お座りクマさん

← 作品36ページ

- 出来上がり寸法　高さ11cm
- おりがみ　25×25cm

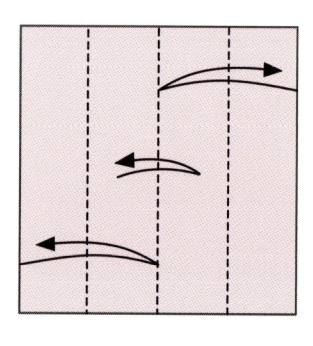

1 折り線をつけて戻す。

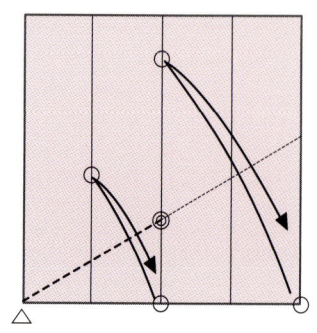

2 △印を軸に○印を合わせて◎まで折り、元に戻す。

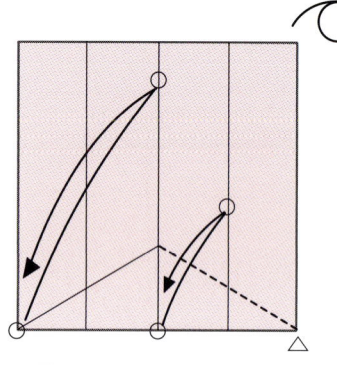

3 2と同じ要領で折り線をつけて戻す。

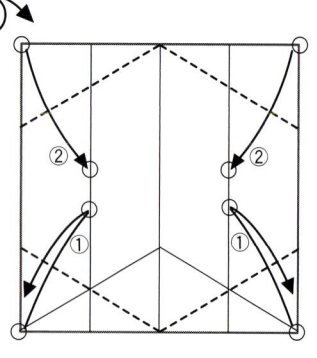

4 ①は折り線をつけて戻し、②は折る。

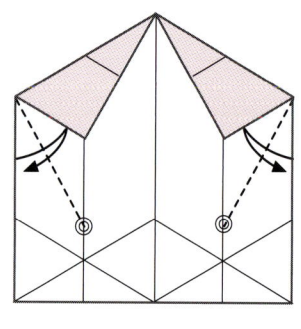

5 ◎印まで折り線をつける。

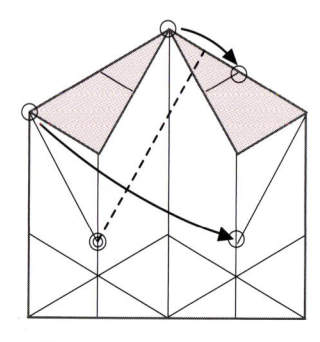

6 ○印を合わせて折る。

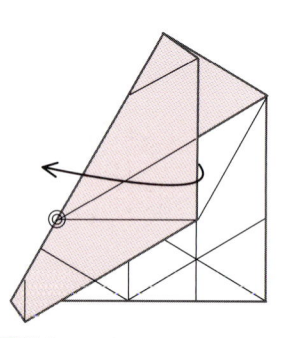

7 開く。

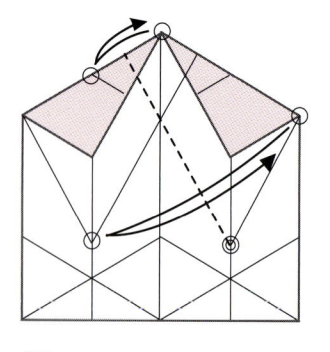

8 ○印を合わせて◎印まで折り、元に戻す。

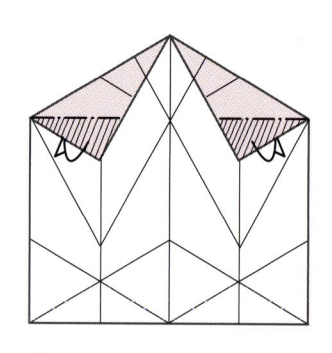

9 斜線部分を内側に折る。

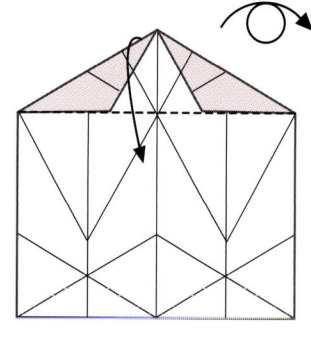

10

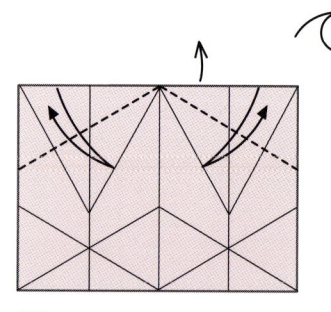

11 折り線をつけたら上を開く。

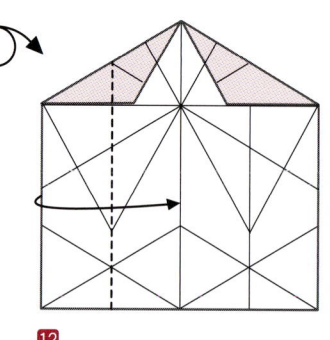

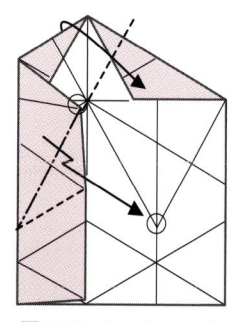

12

13 段折りをしながら○印を合わせて折る。

山線

山線が水平になるように線なりに折る。

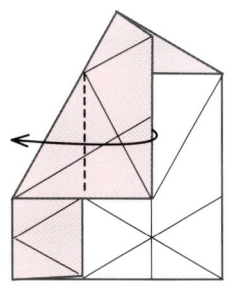

14 開く。 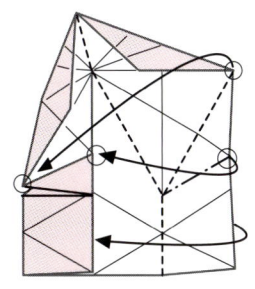　　15 ○印を合わせて折る。 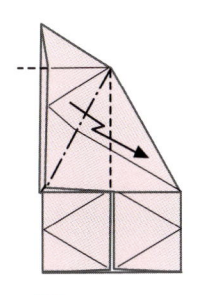　　16 段折り。 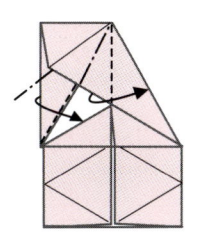　　17 開くようにして折る。 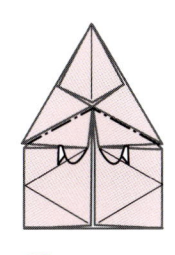　　18 中割り折り。

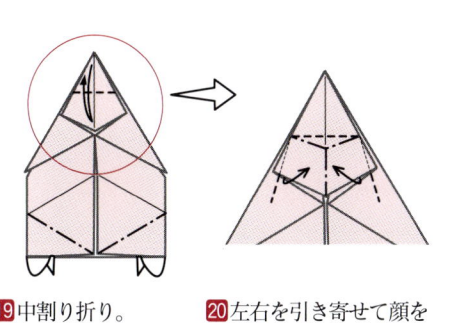

19 中割り折り。　　20 左右を引き寄せて顔を立体的にする。 　　左右から押し出すようにして立てる。 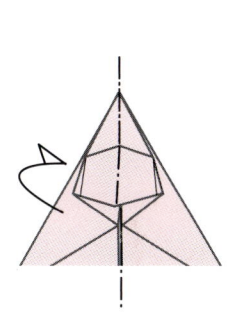 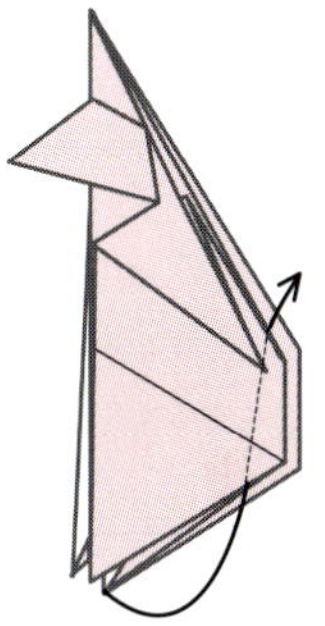　　21 中割り折りをしながら半分に折る。

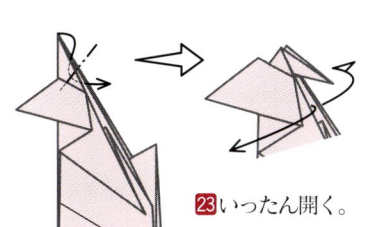

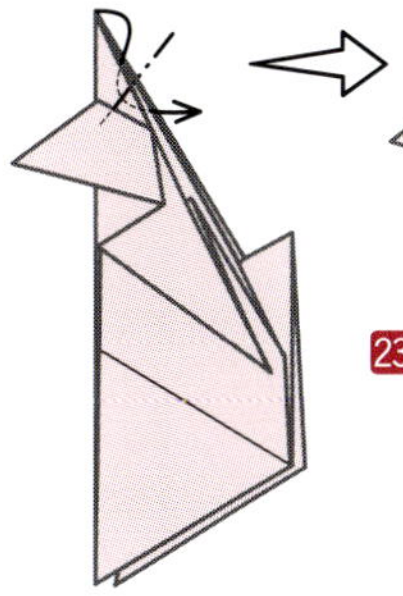

22　　23 いったん開く。 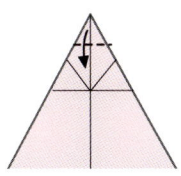　　24 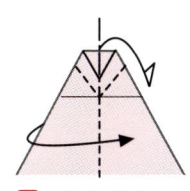　　25 中割り折りをして、23 に戻す。 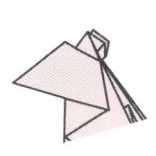　　26 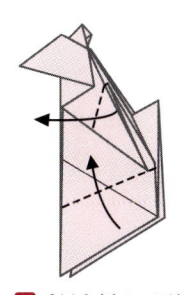　　27 手足を折る。反対側も同様に折る。 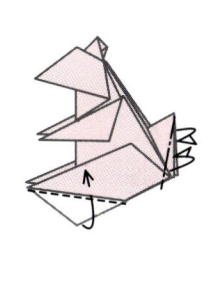　　28 尾を細く中に折り込み、足を中にはさんで折る。

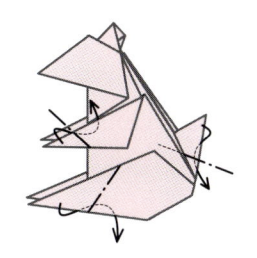

29 手足と尾を中割り折り。手足は反対側も同様に折る。 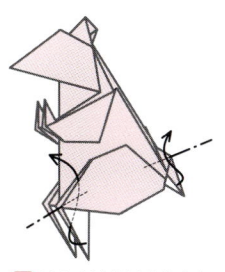　　30 足（反対側も）と尾を中割り折り。 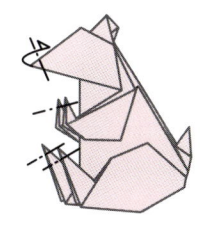　　31 手足と鼻の先を折り、全体のポーズをつける。 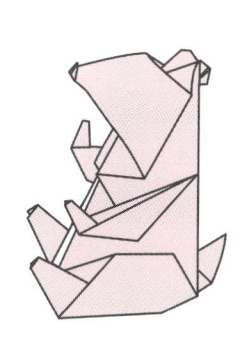　　32 出来上がり。

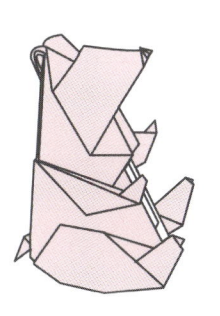

73

子ザル

←作品37ページ

5ページ　基本形Bからスタート

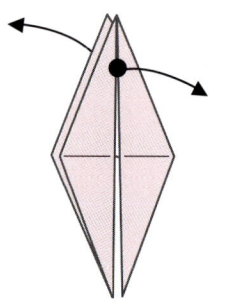

- 出来上がり寸法　高さ9cm
- おりがみ　20×20cm

1 左右を強く引いて上を平らにする。

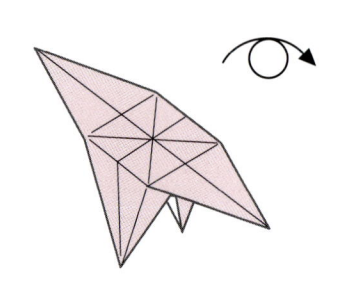

2

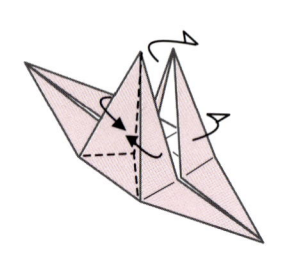

3 三角を中央に寄せてつまんで立てる。

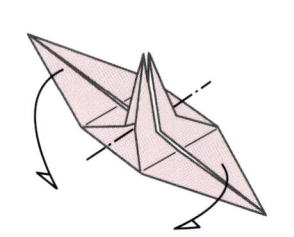

4 下に折る。

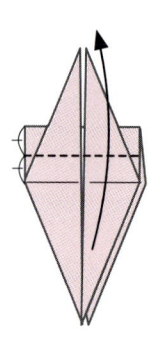

5 上側だけ折り上げる。

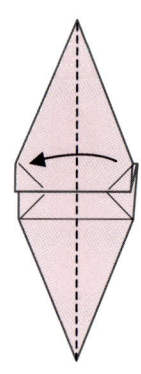

6

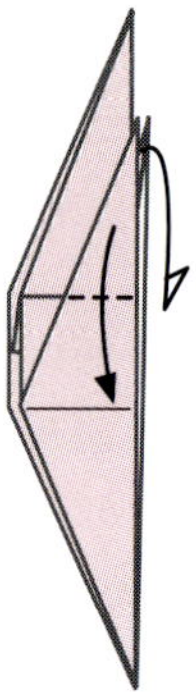

7 腕を折る。

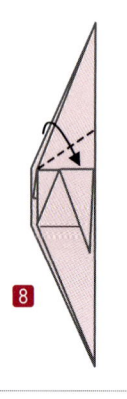

8

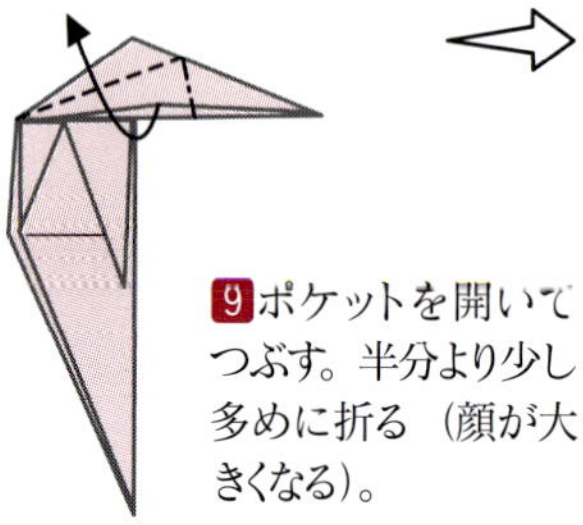

9 ポケットを開いてつぶす。半分より少し多めに折る（顔が大きくなる）。

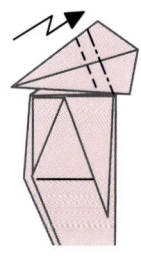

10 段折り。

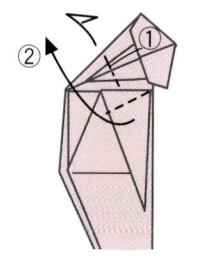

11 ②は反対側も同様に。

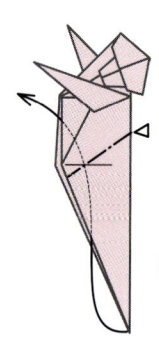

12 ▽印の角いっぱいで大きく中割り折り。

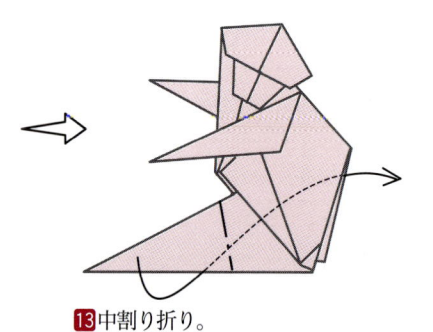

13 中割り折り。

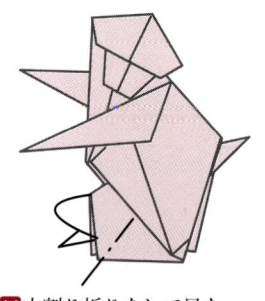

14 中割り折りをして足を2つにする。

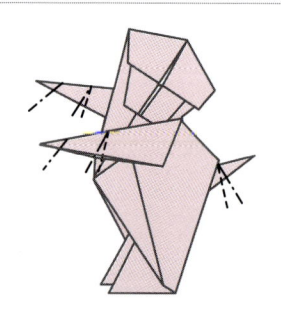

15 手先と尾を中割り折りをしてポーズをつける。

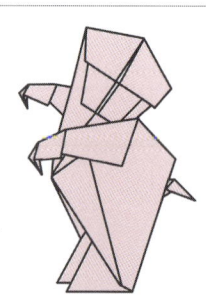

16 出来上がり。

水仙

←作品41ページ

＊11ページを参照して正方形から正六角形を切り出してスタート

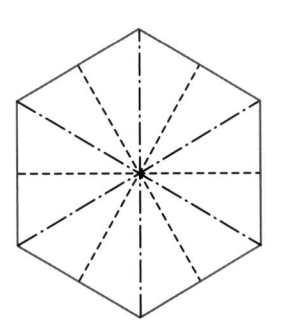

- 出来上がり寸法　直径8cm
- おりがみ　15×15cm

1 図のような折り線をつける。

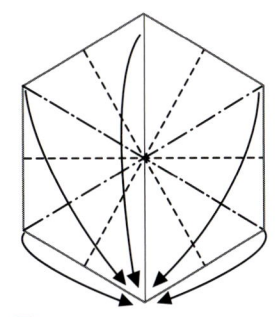

2 折り線どおりにまとめる。

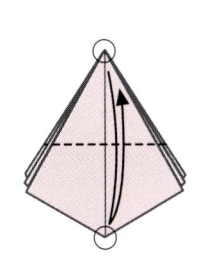

3 全体に折り線をつける。

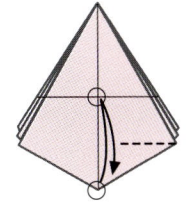

4 上の1枚に、端だけ少し折り線をつける。

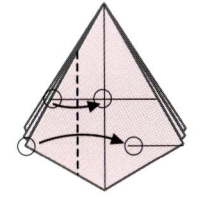

5 ○印を合わせて折る。

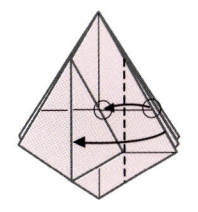

6 ○印を合わせて折る。

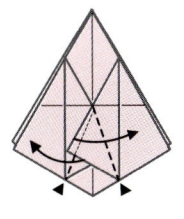

7 角（▲印）に合わせて折る。

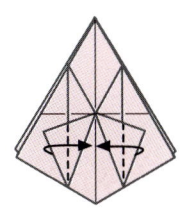

8 下側に合わせて折る。

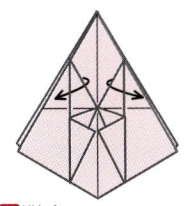

9 開く。

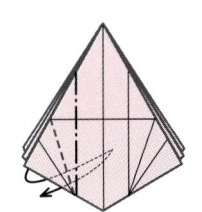

10 2度中割り折り。

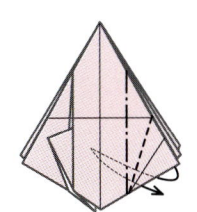

11 2度中割り折り。

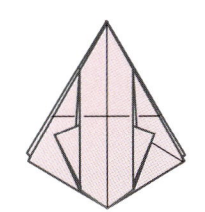

12 残り4か所も同じように折る。

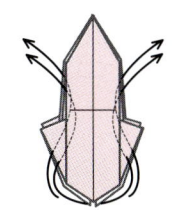

13 左右4か所、ひだが伸びるまで中割り折り。

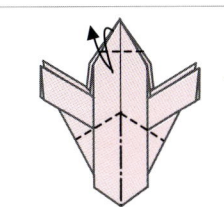

14 上に折り線をつけたら、中割り折りをしながら6枚の花弁を開いて形を整える。

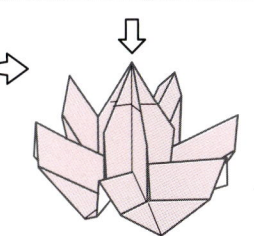

15 上を沈めて折る。

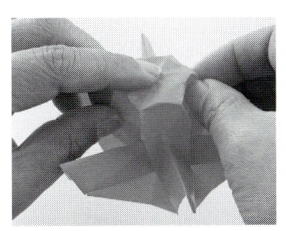

まず上部を広げて平らにする。

折り目どおりに中に押し込む。

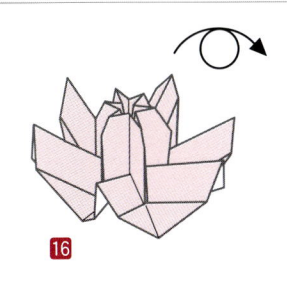

16

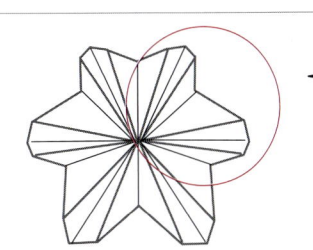

17 花の裏側を折る。

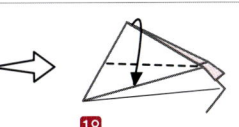

18

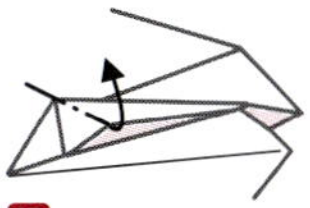

19

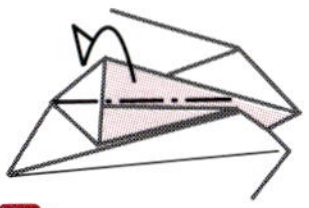

20

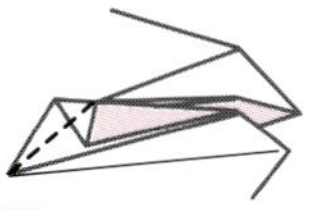

21 残り5か所も同じに折る。

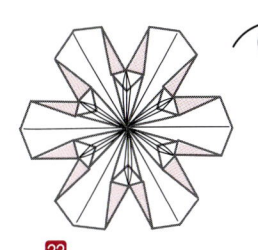

22

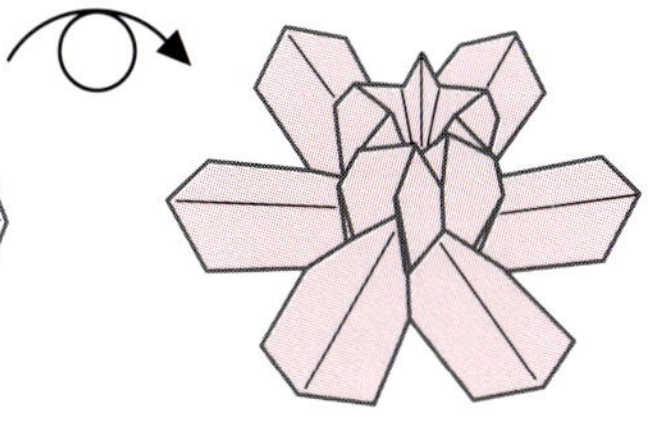

23 出来上がり。

紅白折羽鶴（伝承の応用）

← 作品38ページ

*伝承の折羽鶴の半分に紙の裏面が出るようにしました。

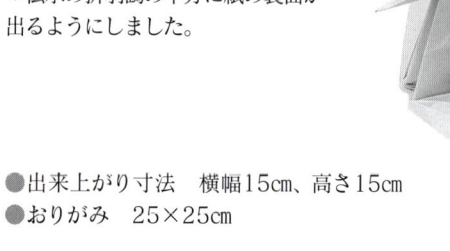

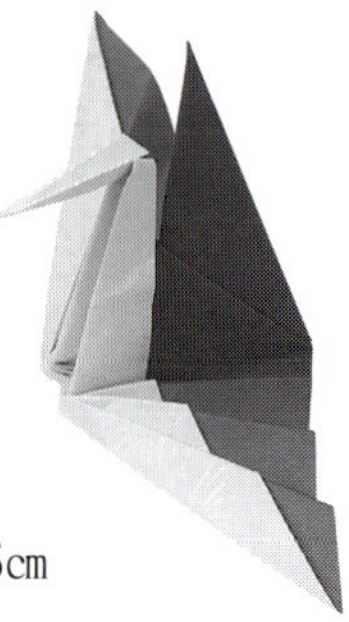

- 出来上がり寸法　横幅15cm、高さ15cm
- おりがみ　25×25cm

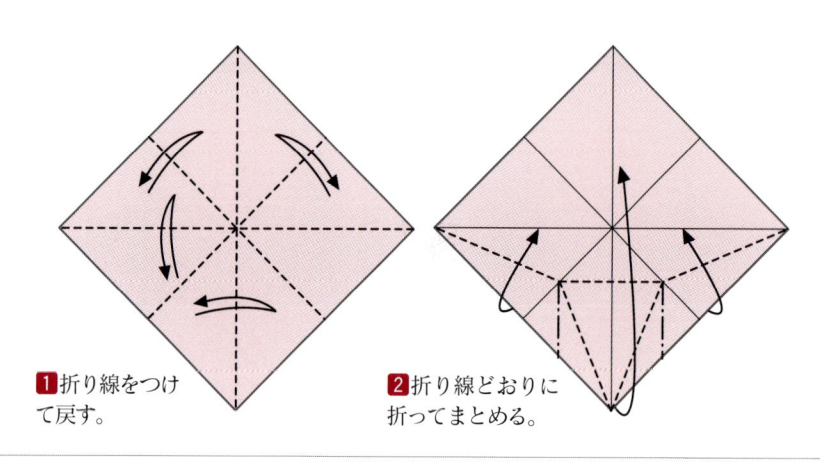

1 折り線をつけて戻す。

2 折り線どおりに折ってまとめる。

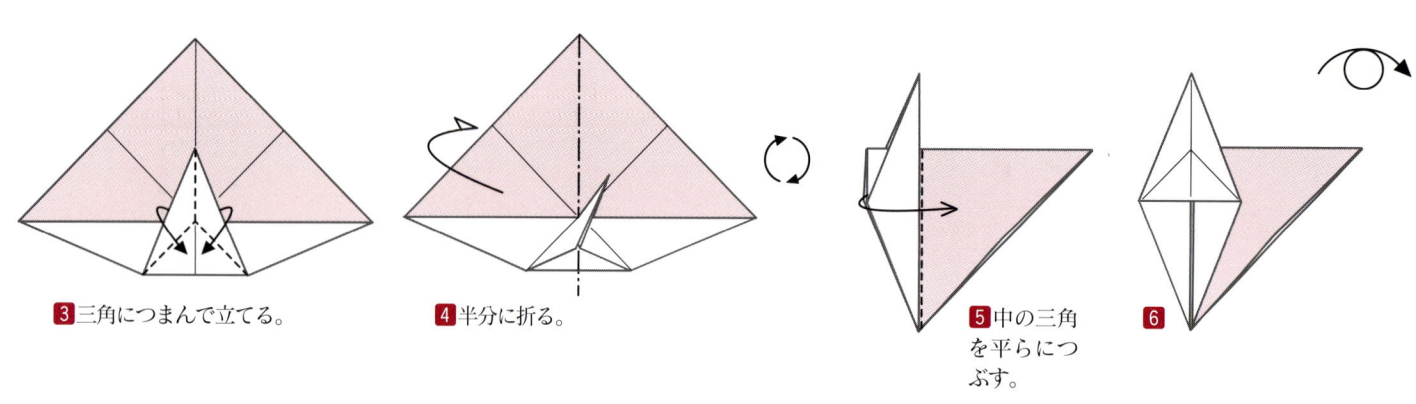

3 三角につまんで立てる。

4 半分に折る。

5 中の三角を平らにつぶす。

6

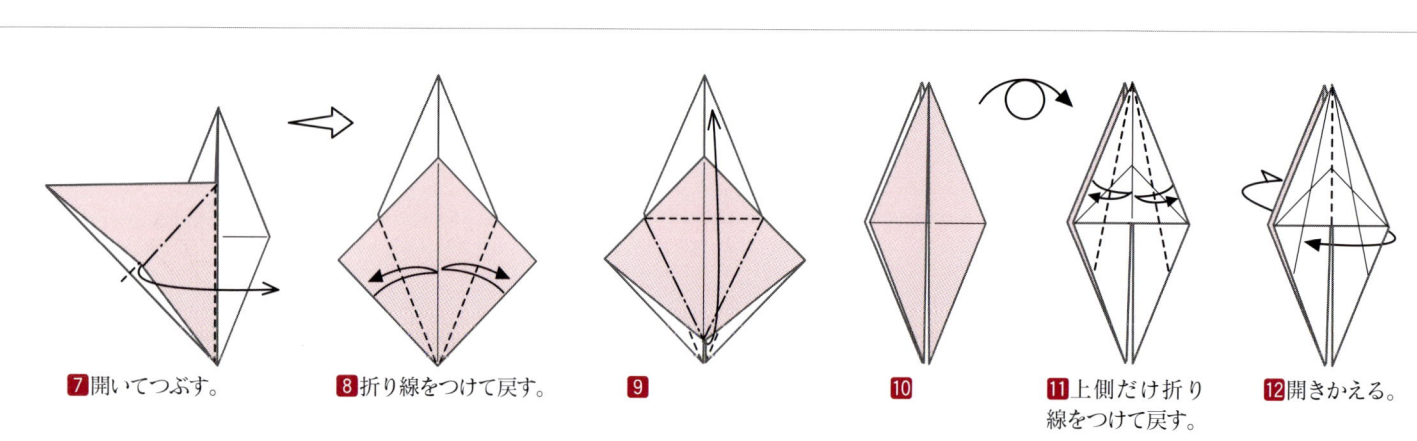

7 開いてつぶす。

8 折り線をつけて戻す。

9

10

11 上側だけ折り線をつけて戻す。

12 開きかえる。

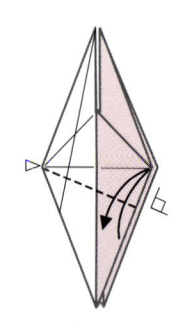

13 折り線をつけて戻す。反対側も同様に。

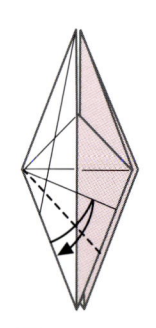

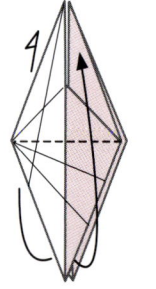

14 折り線をつけて戻す。反対側も同様に。

15

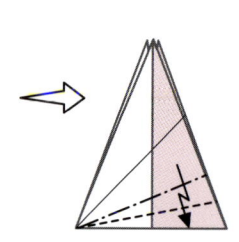

16 山線をつまみ、段折りをしてひだを寄せる。

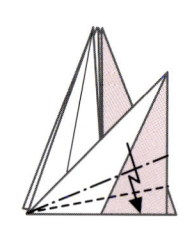

17 16と同様に。

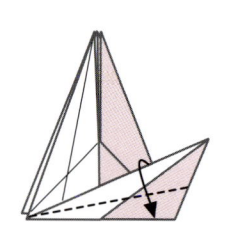

18

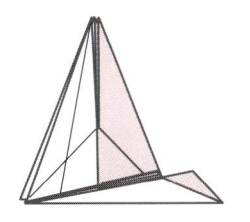

19 反対側も 16〜18 と同様に折る。
20 内側に折る。 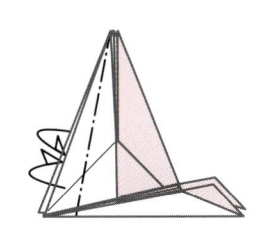
21 頭を中割り折り。 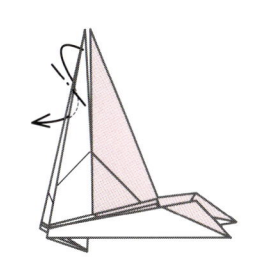
22 羽を広げる。 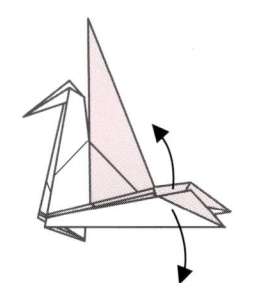
23 出来上がり。 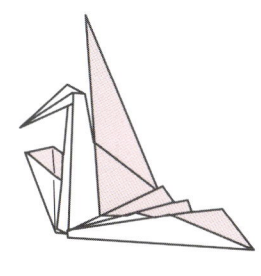

亀

← 作品38ページ

● 出来上がり寸法　全長13cm
● おりがみ　20×20cm
＊表面にしわのような手触り感のある和紙で折っています。

70ページ　リスの 7 からスタート

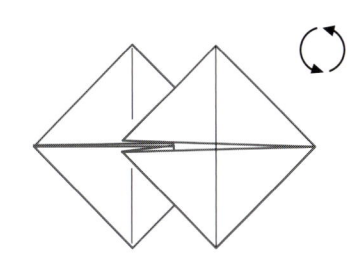

1
2 ①折り線をつけて戻し、②段折り。 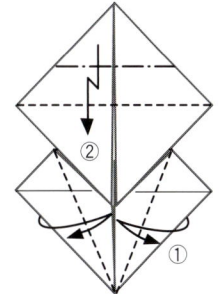 
3 三角を折り上げる。

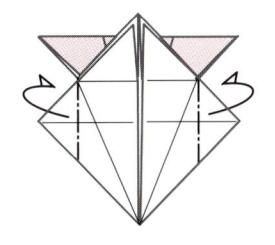

4 後ろ側に折る。 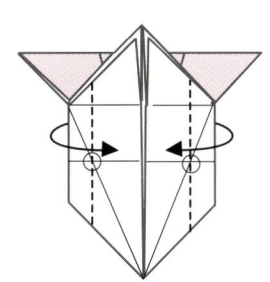
5 谷線を折りながら裏側の三角を起こす。 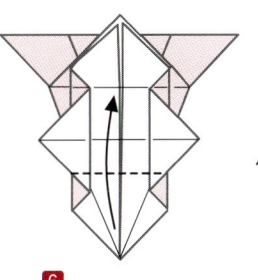
6 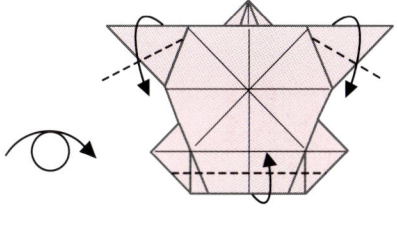
7 前足を折り、尾は後ろ側を起こしながら谷線を折る。

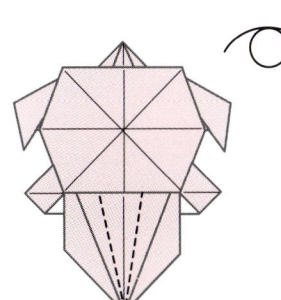

8 尾の毛の感じを出すために、図のような折り線をつけてもよい。
9 尾、足を細く折り、腹の三角を立ててもう一方にはさんで立体化する。 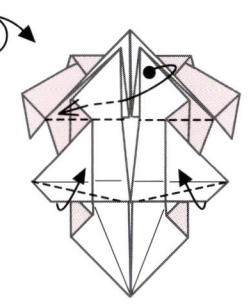
左側をいったん開いて右側の三角を差し込む。 
奥まで差し込んで左側ではさみ込む。 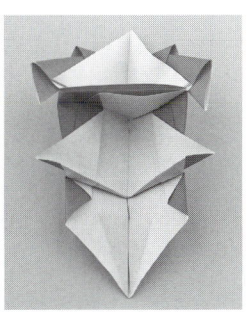
10 頭と尾を膨らませて出来上がり。

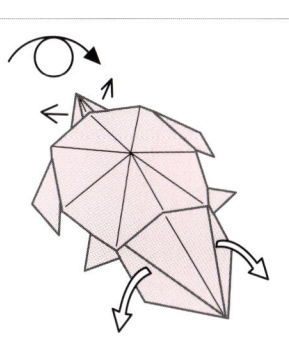

白鳥

←作品40ページ

<翼を広げた白鳥>

- ●出来上がり寸法　高さ6.5cm
- ●おりがみ　20×20cm

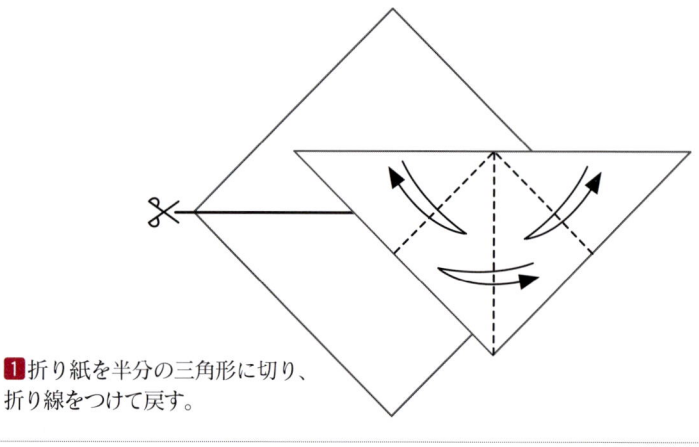

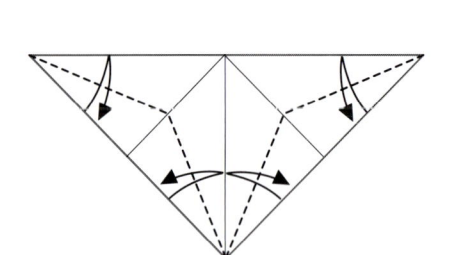

1 折り紙を半分の三角形に切り、折り線をつけて戻す。

2 図のような折り線をつけて戻す。

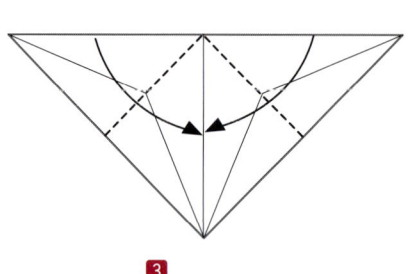

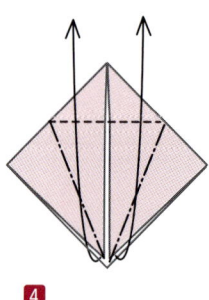

3

4

5 折り線をつけて戻す。

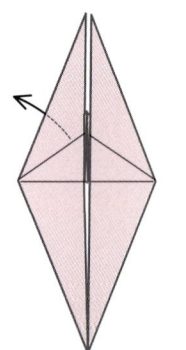

6 後ろを起こす。

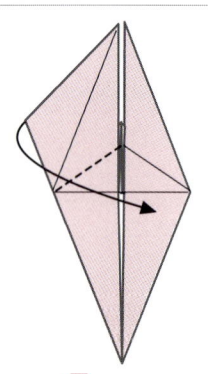

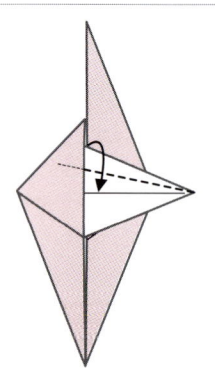

7

8 内側を折る。

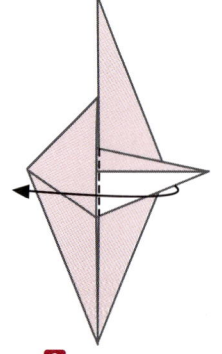

9

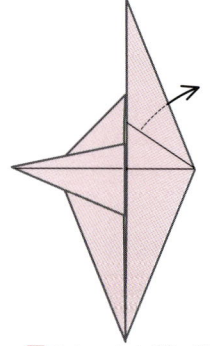

10 もう一方も6〜9と同様に折る。

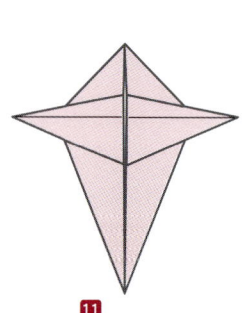

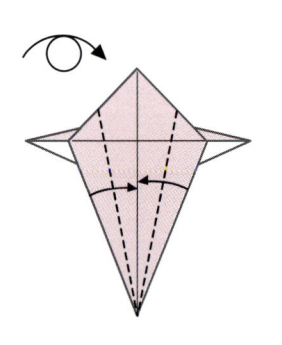

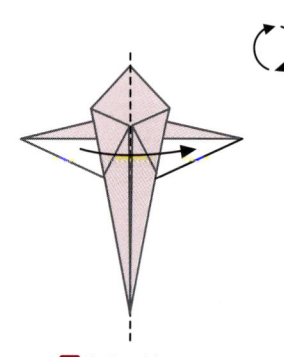

11

12

13 半分に折る。

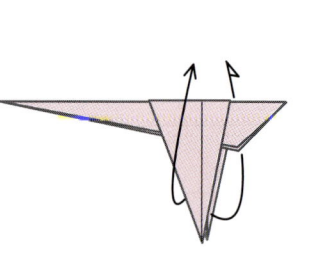

14 翼を開く。

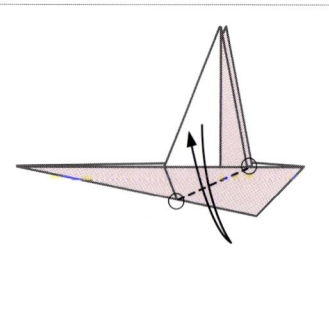

15 折り線をつけて戻す。

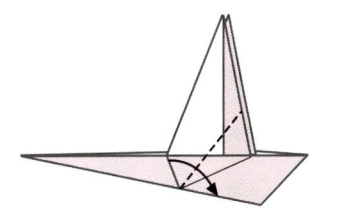

16 反対側も15 16と同様に折る。

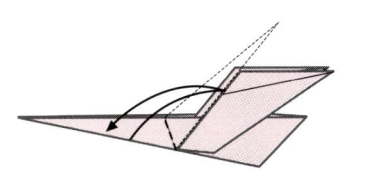

17 図の位置まで折って折り線をつけて戻す。

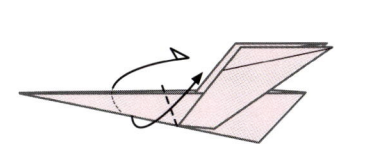

18 かぶせ折り。

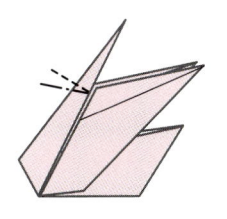

19 中割り折りで首のポーズをつける。

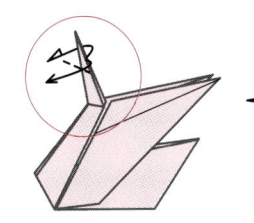

20 頭をかぶせ折り。

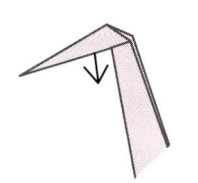

21 中の紙を引き出して顔を大きくする。

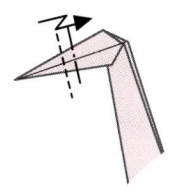

22 内側に段に折る。

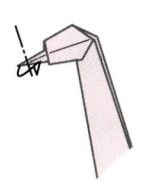

23 内側に折る。

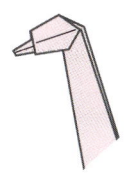

24

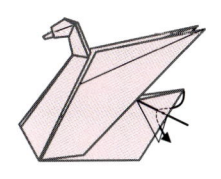

25 中割り折り。

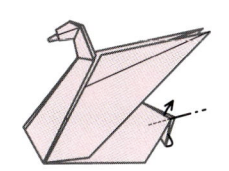

26 中割り折り。

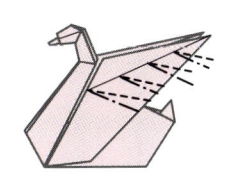

27 段に折り目をつけて羽の感じを出す。

28 出来上がり。

＜翼をたたんだ白鳥＞

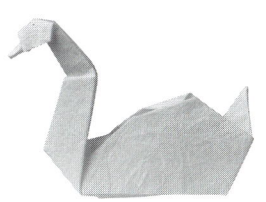

78ページ 15からスタート

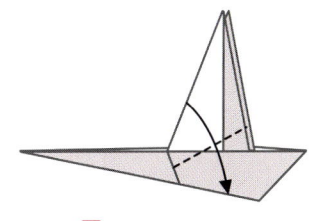

← 作品40ページ

● 出来上がり寸法、おりがみは翼を広げた白鳥と同じ

1 折り線をつけて戻す。

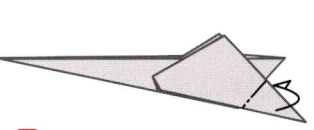

2 中に折り込む。

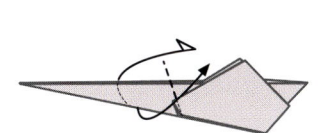

3 かぶせ折り。

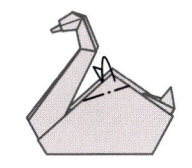

4 羽を中に折り込む。首と頭は上記20〜24と同様に。

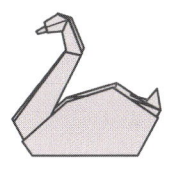

5 出来上がり。

79

布施知子

ふせ・ともこ
おりがみ作家。長野県で山暮らしをしながら、直線の際立つ斬新なおりがみの作品を発表し続けている。多数の著作があり、英語、ドイツ語ほか、各国語に翻訳されているものも多く、海外へのおりがみ文化の紹介も行っている。2004年、ドイツ・バウハウスにて個展開催。著書に『おりがみ　入れ子の箱』『おりがみ　食卓を楽しく』（ともに誠文堂新光社）、『つつむ折り紙、箱の折り紙』（PHP研究所）など多数。

ブックデザイン	竹盛若菜
撮影	中川十内（口絵）
	筒井雅之（作り方）
スタイリング	井上輝美
モデル	井上彩
編集協力	唐澤紀子
校正	山内寛子
編集	小林潤（NHK出版）

NHKおしゃれ工房
おりがみ　四季折々

2008年　6月25日　第1刷発行
2019年　6月10日　第10刷発行

著者	布施知子
	©2008　Tomoko Fuse
発行者	森永公紀
発行所	NHK出版
	〒150-8081　東京都渋谷区宇田川町41-1
	電話　0570-002-047（編集）
	0570-000-321（注文）
	ホームページ　http://www.nhk-book.co.jp
	振替　00110-1-49701
印刷・製本	凸版印刷

ISBN978-4-14-031158-5　C2077　Printed in Japan

本書の無断複写（コピー）は、著作権法上の例外を除き、著作権侵害となります。
乱丁・落丁本はお取り替えいたします。定価はカバーに表示してあります。